허들

허들

인생은 매 순간
현명하게 넘어야 하는
장애물 경기다

이종인 지음

책뻠

Contents

인생의 길, 장애물이 나를 단련시킨다

인생이란 펼쳐진 길 위에서 매 순간 결승점을 찾고 도전하는
저마다의 또 다른 길이다.
그 과정에서 삶의 가치를 발견하며 새로워진다.
현재의 작은 즐거움도 중요하지만 미래를 꿈꾸고 장애물을 넘어
더 나은 세계로 나아가려는 열망이야말로 청년의 권리이자 책임이다.

스승인 고(故) 신영복 선생님은 "인생은 길과 같다"고
했다. 우리는 누구나 유한한 생명체이기 때문에 완성된 인생을
사는 것이 아니라 목표에 도달하는 '과정'에서 그 생을 마감한다
는 의미이며, 나 또한 그렇게 깨닫고 이해했다. 길 끝에 도달하는
것이 아니라 길을 걷는 과정이야말로 인생의 전부일 수 있다.

30여 년간 사회생활을 하면서 일곱 가지 직업에 몸담아 왔고
그 속에서 다양한 조직 생활과 현실 경험을 얻었다. 한 가지 직

업, 한 직장에 오래 몸담는 것을 미덕으로 여기던 내 또래들의 삶에 비추어 보면 '괴짜'라는 지인들의 평가를 무조건 틀렸다고 할 수는 없다. 대학 시절 학생운동에 투신했던 친구들이 대기업에 취업해 평범한 사회인이 되는 길을 걷는 데 비해 오히려 대학 졸업 이후에 본격적인 사회운동에 뛰어든 것도 그렇고, 대기업 임원, 자영업자, 대학 교수 등 하나만 하기도 어려운 직업과 직장을 두루 거치면서도 사회와 정치에 대한 문제 의식을 잊지 않고 다시금 되돌아왔다는 점에서도 그렇다. 그 친구들의 시각으로 보자면 나는 여전히 이상을 좇고 있는 철없는 인생인지도 모른다.

직업과 직장은 여러 곳이었지만 내 인생의 나침반은 늘 한 곳을 가리키고 있었다. 바로 '사람'이다. 다 함께 행복해지는 세상. 그것이 어린 시절부터 꿈꾸던 세상이었고, 나는 '세상을 바꾸는 사람'이 되고 싶었다. 어린 꿈은 대학 생활과 20대 청년기를 거치면서 구체적인 방향성을 갖추기 시작해 사회운동으로 이어졌다. 대학 때 학생운동을 시작한 친구들에 비하면 '뒷북 인생'이지만 대신 내게는 '뒷심'이 있었다.

가톨릭 집안에서 모태 신앙으로 태어난 터라 대학을 졸업할 즈음 가톨릭청년운동에 몸담게 되었다. 당시 대학의 가톨릭학생회가 사회과학을 공부하며 대정부 투쟁에 나서고 있을 때 나는 다른 시각으로 청년운동에 접근했다. 사회과학 대신 청년 예수의 삶과 성서의 민중성을 교회 안에 전파하겠다는 생각으로, 대학과 개별 성당에 독자적인 동아리와 신앙 공동체를 만들기 위해 동분서주했다. 서울 지역 여섯 개 대학과 다섯 개 성당에 공동체를 만들었고 인천, 광주, 부산, 전주 등 가톨릭청년회 조직들과 전국 조직을 건설하기 위해 노력했다.

일본으로 유학을 떠났다가 한국 사회에 유권자 운동이 시급하다는 생각에 귀국을 결정하고 한국유권자운동연합이라는 전국 조직을 결성하는 데 뛰어들기도 했다. 한국유권자운동연합 활동을 통해 국회의원들의 의정 활동을 감시하고 평가하여 매년 '국회의원 의정평가서'를 만드는 뜻 깊은 성과도 만들어 냈다.

30대 중반, 부모님이 운영하시던 식품업체가 부도를 맞으면서 내 인생에도 큰 격랑이 몰아쳤다. 급히 서울 생활을 정리하고 고향으로 내려가 집안 일을 해결하기 위해 동분서주했다. 2년간 대전에서 최선을 다해 회사 정상화에 몰두했지만 결국 많은 빚과 피해자를 남긴 채 사업을 정리해야 했다. 이후 내 인생의 목적은 '돈을 벌어 빚을 갚는 일'이 되었다. 부도액 총액의 30퍼센트(부모의 부도를 자식이 갚겠다는 의지에 채권단은 총액의 30퍼센트를 승인해 주었다)를 갚겠다는 각서를 쓰고 무일푼으로 다시 상경했다. 2년간 고시원에서 지내며 친구, 선후배와 인테리어 사업을 했지만 세상일이 녹록지 않았다. 밤낮없이 일하다가 피로가 누적되어 교통사고를 내고 말았다. 갈라진 혀를 두 번에 걸쳐 봉합 수술을 하는 등한 달 넘게 병원 신세를 져야 했다.

병원에 있는 동안 현대제철에서 면접 제안을 받았다. 당시 내경제 상황으로는 마다할 이유가 없는 좋은 자리였지만 사회운동을 하던 사람으로서 고민스러운 제안이었다. 당시 내 머릿속에는 대기업에 대한 편견이 자리 잡고 있었기 때문이다. 혹시 불법적이거나 불편부당한 일을 지시하는 건 아닐까, 사회에 해를 끼치는 일을 해야 하는 건 아닐까 하는 생각이 들었다. 그러나 막상회사에서 내게 원하는 일은 그런 것과 거리가 멀었다. 11년간 현대제철에서 정말 열심히 일했다. 최연소 전무이사 승진(46세)이라는 기록을 세우며 승승장구했고 직장 생활 9년 만에 부모님의사업 부도로 생긴 빚을 모두 갚았다.

회사를 그만두기로 결심한 2013년 가을 성공회대학교에서 교수직 제안을 받았다. 대학 강의도 꿈꾸던 일 중 하나였는데, 사실

그런 기회가 내게 올 거라고는 단 한 번도 생각해 본 적이 없었다. 2014년 봄 학기부터 경영학부 부교수로 '기업가 정신'과 '일본 기업 경영론' 강의를 맡아 매일 대학생들을 만나고 강의를 준비하는 생활을 2년간 계속했다. 이곳에서 인생의 스승인 고 신영복 선생님을 만나 세상을 이해하는 통찰력과 겸손한 삶의 자세를 배웠고 하루하루 힘겹게 살아가는 대학생들의 현실도 자세히 들여다볼 수 있었다(고등학교까지 입시지옥을 겪은 학생들은 대학에서 다시 취업지옥을 만나 허덕이고 있었다).

2016년 20대 국회의원 선거를 앞두고 마침내 도전의 기회가 찾아왔다. 고향으로 돌아가 지역 사회를 위해 일할 기회를 얻고 싶었다. 대학에 사직서를 내고 국회의원 예비 후보로 9개월간 죽을힘을 다해 선거운동에 임했다. 결과는 경선 패배. 길지 않은 시간이었지만 지역의 현실과 정치 세계를 알게 된 뜻 깊은 경험이었다. 이후 중견 기업의 부사장을 맡아 일하던 중 공익연구재단의 부원장으로 와 달라는 제안을 받았다. 연봉으로는 기업과 비교할 수 없는 자리였지만 공익 재단에서 새로운 도전을 시작한다는 설렘이 또다시 나를 움직이게 만들었다.

내 인생을 돌아보면 계획적이라기보다는 우연에 더 많이 이끌린 듯하다. 하지만 삶의 태도만큼은 언제나 '사람'을 목표에 두고 일관된 자세를 유지했다. 무엇을 하든 그 자리에서 최선을 다하는 것, 나 자신과 미래에 대해 긍정적으로 생각하는 것, 세상에 기여하려고 노력해 온 것이 그 일관성이다. 50년 넘게 살아온 내 삶을 되돌아보고 앞으로의 인생을 그려 보는 지금, 그 의미를 점점 더 선명하게 체감하고 있다. 아직도 나는 완성되지 않았으며 삶의 목표는 항상 좀 버겁다 싶은 언덕 위에서 나를 기다린다는 느낌이다. 다만 젊은 시절에는 안개 속을 걷는 기분이었지만 지금은 가고 싶은 곳과 그곳으로 향하는 길이 어렴풋이나마 보인다. 길이 보인다고 해서 물리적으로 더 쉬워지는 것은 아니지만 불안감 없이 뚜벅뚜벅 걸어갈 수 있어서 좋다.

대기업 임원, 시민운동가, 교수, 정치지망생, 자영업자 등 다양한 내 인생의 경험과 거기서 얻은 교훈이 청년들이 미래를 살아가는 데 조금이라도 도움이 되길 바라는 마음에서 이 글을 쓰게 되었다. 청년 문제는 내 젊은 날부터의 화두이며 대학교에서 만난 많은 대학생을 통해 그 심각성을 더욱 깊이 체감할 수 있었다. 덧붙이자면 늦은 나이에 얻은 어린 아들이 커 나가는 것을 보며 기성세대의 책임을 더욱 통감한 이유도 있다.

이 책에서는 사회에 첫발을 내디딘, 또는 곧 내디딜 청년들 앞에 놓인 제법 높은 '허들'을 일곱 가지로 설정하고 어떻게 극복해 나갈지 그 방법을 모색해 보았다.

첫 번째 허들은 불명확한 인생의 목표다. 인생의 목표가 정해지지 않으면 다른 허들 또한 의미가 없다. 목표가 있어야 걸어야 할 길과 그 길에서 만나게 될 장애물도 존재하기 때문이다. 무엇인가 하고 싶은 게 있어야 도전도 있고 장애물도 생기는 법이다. 목표가 없는 사람에게는 일상의 불편함이 문제일 뿐 '극복해야 할 인생의 과제'가 없다.

두 번째 허들은 디지털 혁명으로 인한 산업 구조의 변화와 그에 따른 직업의 변화를 말하려고 한다. 지금 세계는 말 그대로 '혁명적 변화'를 겪고 있는 중이다. 누구도 5년 뒤, 10년 뒤를 확실하게 예측하기 어렵다. 그러나 예측이 어렵다고 해서 변화에 대한 준비 없이 미래를 맞을 수는 없다. 변화의 추이를 읽고 어떤 환경에도 적응 가능한 체력을 키우는 것이 필요하다. 어떤 사회가 도래할지 대략의 윤곽을 그려 보고 무엇을 준비하는 게 좋을지 모색해 보았다.

세 번째 허들은 높은 창업의 벽이다. 청년들이 찾는 안정된 일자리는 이미 지난 시대의 희망이 되었다. 창업은 이제 피할 수 없는 대세다. 그러나 현실은 암담하기까지 하다. 청년 세대가 처한 현실을 진단하고, 이를 극복하는 대안으로 기업가 정신을 살펴보았다.

네 번째 허들은 대학 진학 문제다. 한국 대학 교육의 문제점을 진단하며 그래도 대학에 가기를 권하는 이유를 설명했다.

다섯 번째 허들은 불안정한 '나'와 정체성에 관한 이야기다. 그 자체가 넘어야 하는 장애물이기도 하지만 자존감과 정체성은 나머지 허들을 뛰어넘는 원천적인 힘이다. 특히 정체성 부분에서는 개인뿐만 아니라 사회적 정체성이 왜 필요한가를 짚어 보았다.

여섯 번째 허들은 피곤한 인간관계다. 혼밥과 혼술이 더 편하다는 청년들의 관계 맺기 세태를 보면서 왜 더 친밀하고 깊이 있는 인간관계를 형성하고 유지해야 하는가를 피력했다.

마지막 일곱 번째 허들은 사회와 정치 현실의 벽이다. 청년 세대가 처한 현실에는 개인이 아무리 노력해도 극복할 수 없는 부분이 존재한다. 이를 극복하기 위해서 청년들의 연대와 정치 참여가 필요한 이유를 차근차근 살펴보았다.

독립된 인간으로 선 시점부터 스스로 뛰어넘어야 하는 장애물을 끝없이 마주하는 게 우리의 삶이다. 오늘날 대학생, 사회초년생, 30~40대 사회인이 겪는 고단한 삶의 형태는 다를지라도 모두가 힘겨운 나날을 보내고 있다. 한 보 앞에 닥친 장애물을 넘기 위해 죽을 힘을 다하고 있는 것이다. 그러나 미래를 내다보지 않고 당장의 발끝만 보고 달리는 삶은 반드시 더 큰 장애물을 마주하게 되어 있다. 주도적으로 자신의 꿈과 가치를 이루되 다른 사람과 더불어 공동체와 함께 살아가는 방향을 모색해야 진정한 성공에 이를 수 있다는 점을 꼭 기억했으면 한다.

회피하지 말고 도전하자. 지금은 뛰어넘어야 할 허들이지만 시간이 지난 뒤에는 그 장애물이야말로 나를 단련시켜 준 진정한 스승이었음을 깨닫게 될 것이다.

2019년 4월, 이종인

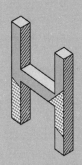

인생의 방향성 찾기

현재와 나를 아는 것
그리고 가야 할 방향을 아는 것이 시작점이다

"방향을 정하는 순간 모든 문제는 생각보다 단순해진다.
하지만 지금의 사회 구조에서는 너무 많은 방향 앞에서 고민하고
위축되고 좌절하느라 정작 자신에게 필요한 기회를 놓치고 만다.
무엇보다 올바른 방향을 정하는 것이 중요하다.
그 방향 설정에 앞서 현실에 대한 냉정한 직시와 진단이 필요하다."

불확실한 인생의 목표

우리는 왜 불행해졌나

나는 대학에서 '성공은 오직 너의 노력에 달려 있다'는 사회적 강요 때문에 극도의 피로감을 느끼는 많은 젊은이를 만났다. 우리 사회 청년 세대의 고통은 개인의 문제를 넘어섰다. 청년실신, 삼포세대를 넘어 오포세대, N포세대로 대변되는 요즘 청년들의 삶은 그야말로 상상해 본 적 없는 거대한 장벽에 둘러싸인 것처럼 느껴질 것이다. 한 취업 포털 사이트의 조사에 따르면 신입 구직자 세 명 중 한 명이 학창 시절 대출을 받았으며, 대출의 목적은

80퍼센트 이상이 학자금이었다. 적지 않은 수의 청년이 빚을 안은 채 사회생활을 시작하고 있다.

'청춘의 고난'을 긍정적으로 생각하던 시절도 있었다. 그 길지 않은 고난 뒤에는 안정된 일자리와 사회구성원으로 안착할 수 있는 기회가 보장되어 있었다. 그러나 지금은 대다수의 청년이 끝나지 않는 불안정함과 싸워야 한다. 예전의 낭만적인 '청춘'은 이제 전설로만 존재할 뿐이다. 그런데도 낭만적인 청춘을 향유했던 기성세대는 여전히 '긍정적으로' '더 노력해서' 이 난관을 극복할 수 있다고 등 떠미는 중이다. 문제의 원인이 애초에 개인에게 있는 것이 아닌데 사회적 모순은 그대로 둔 채 개인이 열심히 노력하면 행복과 안정을 찾을 수 있다고 하는 것은 거짓이다.

한 번뿐인 인생에서 찾고자 하는 궁극의 의미와 가치는 행복이다. 나 자신과 가정, 지인 그리고 사회적 관계 속에서 느끼는 행복이 지속되면 '안정된 삶'이라고 할 수 있다. 지금보다 가난했던 현대사를 돌이켜 보면 청년들의 부모 세대는 이 행복과 안정을 찾는 데 성공한 사람들이었다. 1997년 외환위기를 겪을 때도 20대는 탈출구가 있었다. 부모 세대는 타격을 받을지언정 기본 스펙만 있으면 적어도 취업에 허덕일 일은 없었다. 그런데 20년이 지나 경제가 급성장한 지금은 입시생, 취업준비생, 어린아이를 키우는 부모 그리고 사회에 뛰어든 이들 모두가 불안감에 휩싸여 있다.

최근 몇 년간 미디어를 통해 이슈가 된 단어 가운데 '노량진 공시생족' 그리고 젊은 층의 트렌드에 맞춰 신선한 삶의 방식을 선보인 '욜로(You Only Live Once)족'이 있다. 비록 멀고 괴롭고 불확실하지만 미래를 기약하며 공시생의 길을 선택하는 쪽과 '한 번 사는 인생인데 하고 싶은 일 맘껏 하면서 살자'며 현재의 행복을 추구하는 두 부류로 나뉜 셈이다.

한국 사회에서 두 가지 삶의 방식 모두 수긍할 만한 점이 있다. 공시생을 선택했다면 안정된 인생이 가장 중요할 터다. '현재' 한국 사회에서 가장 안정적인 직업이 공무원이라는 점에도 동의한다. '관료'의 예우를 받으니(1970년대 현대그룹 정주영 회장은 5급 공무원에게 90도로 인사했다고 한다. 이런 관행은 지금도 크게 달라지지 않았다) 명예롭기도 하고 퇴직 후에는 안정적인 연금까지 따른다. 하지만 미래에도 그러할지는 확실치 않다

욜로족은 어떤가. 사회에 나가 아무리 땀 흘려 일하고 조직을 위해 헌신해도 합당한 보상을 받지 못한다는 생각이 팽배하다. 직장인 평균 월급을 계산해 보면 40대 후반에도 온전한 내 집 한 채를 가질 수 없으며, 실제 그 나이까지 보장되는 직장도 여간해

서 존재하지 않는다. 그런데도 허리띠 졸라매고 돈을 모아야만 할까. 갈수록 빈부격차가 심해지는 현실 앞에 열심히 노력해 봤자 부질없다는 생각이 절로 들 것이다. 한 번 사는 인생, 지금 이 순간의 행복이 중요할 뿐 막연한 미래는 생각조차 하기 싫은 것도 이해한다. 문제는 욜로족 역시 누구나 누릴 수 있는 게 아니다. 대출금과 함께 사회생활을 시작했다면 돈을 모을 생각이 없는 건 같아도 소비 패턴은 완전히 달라진다. 자유롭게 여행 가는 대신 '인형 뽑기' 게임에 심취하는 식이다.

'소소하지만 확실한 행복'을 뜻하는 '소확행'이 청년들의 마음을 사로잡은 것도 이런 현실에서 원인을 찾을 수 있다. 불확실하고 비관적인 미래 대신 손에 쥘 수 있는 현재의 작은 행복을 갖겠다는 마음에 충분히 공감한다. 그러나 그것만으로 인생 전체를 채울 수는 없다. 과연 이런 현실을 극복하는 방법은 없는 걸까? 사회의 책임이 크지만 그렇다고 손놓고 가만히 앉아 있을 수도 없다. 결국 가장 아쉬운 쪽은 '나'이고 현실적으로 가장 먼저 나서게 되는 것도 '나' 자신이 된다. 책을 쓰면서 사회가 해결해야 할 문제를 결국 개인인 청년들에게 내놓을 수밖에 없는 현실이, 기성세대의 한 사람으로서 미안한 마음이다.

청년 문제의 근본적인 해결 방법은 사회를 바꾸는 것이다. 그렇다고 청년 모두가 당장 정치에 뛰어들거나 사회운동을 해야 한다고 말하는 것은 아니다. 대신 혼자서 즉시 시작할 수 있는 방법이 있다. 바로 나와 타인, 나와 사회의 관계를 새롭게 정리하고 관계성과 유대감에 집중하는 것이다. 날로 새로워지는 기술 혁신 사회에서 파편화되어 가는 인간관계, 이 관계를 제대로 다지는 것이야말로 인생을 성공적으로 살아가기 위한 첫걸음이다. 인생에서 어떤 가치를 우선시하고 선택하든 목표 지점으로 가는 길 어딘가에서 멈추기 마련이다. 길의 끝을 마주하기 위해서 사는 것이 아니라 길을 걷는 '과정'을 중시하며 살아야 하는 이유도 그 때문이다.

안타까운 것은 청년들이 이 사회와 기성세대가 만들어 낸 모순의 희생자이면서도 사회 부조리를 방관하고 있다는 사실이다. 즉 사회 문제에 무관심하고 자신의 사회적 권리와 의무를 방기한 '작은 책임'이 있다. '내가 어쩌겠어'라는 생각, '그래 봐야 나만 손해지'라는 생각으로 사회의 부조리를 순순히 받아들이며 살아가는 태도는 청년들이 반성해야 할 부분이다.

가치 있는 삶의 방식 찾기

청춘은 내가 무엇을 하고 싶은지, 어떻게 살고 싶은지 그 답을 찾는 과정이다. 자신이 결정한 선택의 이유를 정확히 알고 있어야 그 과정과 결과에서 배우고 성장할 수 있다. 관료, 임원, 판사, 프로게이머, 의사, 과학자 등의 직업적 성취는 삶의 결과물이지 목표가 아니다. 성공은 결과물로만 판단해서는 안 된다. 변호사가 되고 싶다면 왜 굳이 변호사가 되고 싶은지, 변호사가 되어 무엇을 하고 싶은지 정확한 이유를 설명할 수 있어야 한다. 실리콘밸리에서 꿈에 도전하는 20대 청년이 말한 창업 목적은 확실했다. "세상을 바꾸고 싶다." 곱씹어 봐야 할 의미심장한 말이다. 인생의 목표는 '먹고살 수 있는 직업'이 아니라 '가치 있는 삶의 방식'이어야 한다.

'당장 돈이 되는' 직업과 직장을 찾는다면 결코 이를 인생의 목표라고 볼 수 없다. 인생의 목표는 좋아하는 일과 가치 있는 일에서 찾아야 한다. '예술로 세상을 더 아름답게 만들겠다'라든가 '정보를 독점하지 않고 누구나 공평하게 접근할 수 있는 방안을 만들겠다'라든가 '장애인이 비장애인 못지않게 행복할 수 있는 일자리를 만들겠다'라든가 'IT 기술로 환경 오염 없는 세상을 만들겠다'라는 식의 의미 있고 높은 인생의 목표와 방향성을 찾아보자.

인생의 목표가 없는 상태에서 직업과 직장, 진로를 고민해 봐야 '남들도 다 하니까' '공무원 시험 준비나 하자' '스펙이나 쌓자'

라는 뻔한 결론에 다다른다. 그러나 이런 결론은 익히 알고 있는 것처럼 시간만 흐르고 결국 남는 것이 없는 빈손의 청년기를 보내게 만든다. 가까스로 취업에 성공하더라도 목적 의식 없는 직장 생활은 오래 지속될 수 없고 인생의 경력에도 도움이 되지 않는다. 만약 인생이 무의미하게 느껴지고 아무것도 하고 싶은 일이 없다면 인생의 목표를 찾는 것보다 '나'를 찾기 위한 노력이 먼저 필요하다는 의미다.

반대로 하고 싶은 것이 너무 많다면, 하고 싶은 일들을 적어 리스트를 만들어 보고 이를 포괄하거나 융복합하여 새로운 분야를 목표로 세워 보는 것도 좋다. 예를 들어 음악도 하고 싶고, 전혀 관련 없을 것 같은 과학이나 기술 분야에도 관심이 있다면? 더 좋은 음악을 만드는 데 도움이 되는 작곡 앱을 개발할 수도 있고, 과학 기술을 접목해 새로운 악기를 만들 수도 있다. 더 많은 사람이 라이브 공연의 감동을 느낄 수 있도록 경제적이고 편리한 음향 시설이나 앱을 만드는 것도 고민해 볼 수 있을 것이다.

사실 하고 싶은 일이 많을수록 인생의 목표는 더욱 다채롭고 풍부해진다. 예전에는 '하고 싶은 일과 잘하는 일을 분리해라' '하고 싶은 건 취미 생활, 잘하는 건 직업'이라고 했지만 요즘은 '하고 싶어야 잘할 수 있다'는 말이 더 설득력을 갖는다. 직업에서 기능적 완성도보다는 창의력을 더 높이 평가하는 시대가 되었기 때문이다. 평생 하나의 직업을 갖는 것이 권장되고, 그게 자랑이던 시대는 저물었다. 지금은 평생 적어도 두세 가지 직업을 갖는 만큼 하고 싶은 일이 많다는 건 직업을 바꿀 때 적어도 남들보다는 덜 고민하게 된다는 장점이 있다.

하고 싶은 일이 생기려면 사회에 대한 관심을 갖는 것부터 시작해야 한다. 그래야 낯선 환경과 타인을 만날 때 익숙한 '나'와 나를 둘러싼 세계가 얼마나 좁고 편협한지 깨닫게 된다. 이 간극을 이해하는 과정에서 가치 있는 일과 하고 싶은 일이 생길 가능성도 높아진다.

난지도 사람들에게 배운 것들

1980년대 말 가톨릭 청년 운동에 몸담았던 시절, 난지도 쓰레기 매립지에서 한 달간 개인 봉사 활동을 한 적이 있다. 지금의 서울 마포구 상암동 일대에 있는 난지도(蘭芝島)는 원래 이름처럼 '난초와 꽃들이 아름다운 섬'으로 알려져 신혼여행객이 많이 찾는 곳이었다. 그러다 1978년 서울과 경기도 북부의 쓰레기 매립지로 조성되면서 순식간에 '죽음의 섬'으로 변해 버렸다(난지도 쓰레기 매립지는 1993년 폐쇄되었으며 현재는 공원으로 조성된 상태다). 아침 8시부터 오후 4시까지, 그곳 쓰레기 매립지에서 생계를 잇는 한 가족의 일을 돕는 것이 주요 일과였다. 아는 선배가 난지도에서 탁아소를 운영하며 방과 후 공부를 돕고 있던 터라 숙식은 그곳에서 해결하기로 했다.

당시 난지도에 임시 가옥을 짓고 생계를 해결하는 가정이 몇 백 가구는 되었던 것으로 기억한다. 일손을 도우러 간 때가 마침 여름이라 힘든 것이 한두 가지가 아니었다. 무엇보다 곤혹스러운 것은 탁아소에서 밤을 보내는 일이었다. 더위도 견디기 힘들었지만 젖비린내인지 뭔지 모를 생경한 냄새 때문에 정신이 혼미해질 정도였다. 일터였던 쓰레기 매립지도 밑에서 올라오는 악취와 뜨거운 열기로 숨쉬기가 어려울 지경이었다. 하루 여덟 시간 정도 매립지의 쓰레기 더미에서 폐지를 줍고 빈 병을 수거하고 고철과 쓸 만한 살림살이를 골라내어 이들을 사러 오는 사람에게 넘겼다. 잠시 쉬면서 막걸리라도 한잔 하려면 파리 떼가 새까맣게 달라붙곤 했다. 그곳에서도 '압구정동' 쓰레기가 인기였다. 멀쩡하거나 돈이 되는 물건 등 주울 것이 많았다. 포장도 안 뜯은 빵과 손대지 않은 수박이 나와서 잠시 일손을 놓고 함께 나눠 먹은 적도 있다.

난지도 생활을 무사히 마친 뒤 집으로 돌아온 날, 그곳에서 입던 작업복을 빨다가 그만 심한 구토를 하고 말았다. 매립지의 악취에서 벗어나자 그 냄새가 참을 수 없이 역하게 느껴졌기 때문이다. 그때 죄책감과 함께 찾아온 깨달음이 있었다. 악취와 쓰레기, 사회적 천대에도 불구하고 가족을 위해 열심히 살고 있는 그곳 주민들의 삶과 비교할 때 내 고민과 고통은 얼마나 하찮은가. 그들의 삶은 내가 '머리로 이해한' 빈곤이 아니라 몸과 마음으로 느끼는 고통 그 자체였다.

이제 TV와 인터넷을 통해 무엇이든 알 수 있는 세상이 되었다. 하지만 여전히 세상에는 내가 모르는 곳에서 미처 상상하지 못한 방법으로 삶을 영위하는 사람이 대단히 많다. 나를 둘러싼 제한된 환경과 인간관계에서 벗어나 보는 것은 삶의 지평을 넓히고 인생의 목표를 세우는 데 큰 도움이 된다. 나 역시 난지도 봉사 활동을 통해 더 나은 삶, 더 나은 사회란 어떤 모습인지, 내 인생의 목표는 어떠해야 하는지 좀 더 구체적으로 고민할 수 있는 계기가 되었다.

좋은 관계가 성공한 인생을 만든다
_____

인생의 행복과 성공은 동전의 양면처럼 맞붙어 있다. 성공한 인생을 살면 행복을 얻기 쉽고, 사는 것이 행복하다면 그 자체로 성공한 삶이라 할 수 있다. 그러나 인생은 무엇이 닥칠지 모르는 길과 같아서 끝없이 시행착오와 좌절을 겪기 마련이다. 기쁨과 행복만 있다면 좋겠으나 실은 슬픔과 좌절을 견디고 이겨 내야 하는 것이 숙명이다. 그 과정이 성장통이 될 것인지, 어깨 위에 차곡차곡 쌓여 나를 주저앉게 만드는 짐이 될지는 자신이 결정할 몫이다.

인생의 밑바닥으로 굴러 떨어진 듯 느껴지던 젊은 시절, 나 자신을 지탱하는 다짐이 있었다. '내가 처한 상황이 최상은 아니나 그렇다고 최악도 아니다.' 50년 넘게 살아오면서 남들이 부러워할 만한 위치와 죽음 언저리까지 경험하며 극과 극의 상황을 지나온 인생 선배로서 자신 있게 말할 수 있는 한 가지는 '내가 가장 어렵지는 않다'는 단순한 사실이다.

꿈을 현실로 이루어 내기까지 꽃길만 걷는 사람은 아무도 없다. 행복한 미래를 위해 성공하고 싶은가? 과연 성공하면 행복한가? 결론을 말하자면 성공한 삶을 살아야 행복하다. 현상으로 나타나는 것은 성공이고, 궁극의 목표는 행복이다. 다만 여기서 말하는 성공은 단순히 높은 지위나 연봉, 자산 등 사회적 성공을 의미하지 않는다. 성공의 의미 역시 사람의 지문만큼이나 서로 다를 수밖에 없다. 잊지 말아야 할 점은 성공 역시 길을 걷는 과정일 뿐 궁극적인 목표나 결과물이 될 수 없다는 사실이다. 따라서 성공에도 행복에도 겸손해야 한다.

경제적으로는 궁핍해도 본인이 행복하다고 느끼면 그 역시 성공한 삶이라 할 수 있다. 그러나 대다수의 사람은 궁핍하면 불행해지기 쉽다. 성공해야 행복하다는 말은 기본적으로 경제적 필요를 어느 정도 충족할 수 있어야 하며, 하는 일에서 성취감을 얻어야 한다는 의미다. 그렇다고 해서 인생의 목표를 사회적 지위와 연봉에만 두는 것은 매우 위험한 생각이다. 많은 연구에서 인간의 행복은 연봉과 비례하지 않으며, 오히려 좋은 인간관계야말로 행복을 좌우하는 가장 중요한 요소라는 결과를 내놓았다.

이 인간관계란 소위 말하는 '인맥 관리'와 전혀 다르다. 나에게 필요한 영향력을 가진 사람들을 '관리'하는 것이 아니라 신뢰를 바탕으로 한 지극히 인간적인 관계를 말한다. 가족, 친구 그리고 이해관계를 떠난 사회적 관계의 지인이 대표적일 것이다. 사회에서 비즈니스로 만났다 하더라도 이 관계가 긍정적으로 발전한다면 가족이나 친구 못지않은 내 인생의 중요한 자산이 된다. 이런 관계들이 나를 둘러싸고 있을 때 성공과 행복에 좀 더 가까워지게 마련이다.

나 역시 지인들에게 종종 '성공한 사람'이라고 불린다. 대기업에 입사하여 마흔여섯에 전무(경영기획본부장)로 승진했으니 아주 틀린 말은 아닐 것이다. 젊은 시절 부모님의 사업 부도로 엄청난 빚을 떠안은 시기를 경험한 내가 대기업 임원, 대학 교수까지 했으니 사회적으로 보자면 상당한 성공을 거둔 셈이다. 그러나 그때마다 스스로 되묻곤 한다. '나는 성공했나? 나는 성공한 사람인가?' 내 대답은 이렇다. '지금까지 작은 성공을 몇 번 이룬 것은 맞다. 그러나 나는 아직도 내 인생을 더욱 성공적으로 살기 위해 노력 중이다.' 그리고 뒤돌아보면 내가 정말 성공적인 인생을 살고 있다는 느낌을 받은 것은 사회적 성취의 순간이라기보다 좋은 사람들과 함께 있을 때, 존경하는 분께 인정받았을 때, 사회와 공동체의 일원으로서 도움이 되는 일을 해냈을 때였다.

내게는 가족만큼 소중한 좋은 친구가 많다. 특히 '종우회'는 가장 애착을 갖는 모임으로, 절친한 친구와 후배 10여 명이 10여 년 넘게 꾸준히 만나고 있다. '끝까지 우정을 지키는 모임'이라는 의미를 담은 종우회 구성원들은 일생의 굴곡이 많았다는 점 그리고 자신이 힘들 때 초라해지지 않았고 상황이 좋을 때는 주위를 보살피는 사람들이라는 공통점을 갖고 있다. '인맥 관리' 차원에서 잘나가는 사람들 중심으로 만들어진 모임이 아니어서 의무감과 목적 대신 서로를 만나는 순수한 즐거움이 있다. 아직 사업이 잘 풀리지 않는 친구들도 있지만 나는 이 모임에서 '성공한 사람들'을 만난다. 물질적 부의 많고 적음, 배움의 유무가 성공의 척도가 아님을 다시 깨닫는다.

매월 넷째 주 수요일에 모임을 갖는 '사수회' 역시 내게 소중한 인연이다. 고 신영복 선생님이 만든 성공회대학교 인문학습원 멤버들의 모임이다. 같은 반에서 함께 공부한 분들은 아니지만 좋은 인연을 이어 가고 있다. 사수회는 사회적으로 상당한 성취를 이룬 오피니언 리더가 많은데, 겸손하고 배려심이 깊으며 서로를 존중하는 좋은 분들이다. 비록 사회에서 우연한 기회에 만났지만 앞으로의 인생을 함께 할 좋은 벗들임에 틀림이 없다.

돈과 지위만을 의미하는 우리 시대의 성공은 재정의되어야 한다. 내가 생각하는 새로운 시대의 성공이란 '좋은 사람'이 되는 것이다. 편견을 갖지 않으며 타인을 배려하고 서로를 존중할 줄 아는 사람이 되는 것이다. 배려와 존중이야말로 세상을 살아가면서 변함없이 유지하기 어려운 인간의 미덕이며, 이게 가능한 사람이야말로 성공한 사람이 아니겠는가.

◆

column

청소년기의 진로 고민, 대학에서도 해결할 수 없는 사회

성공회대학교 재임 당시 이 지역 중학교 교장 선생님들과 간담회를 연 적이 있다. 이 자리에 참여한 한 교장 선생님이 놀랄 만한 이야기를 들려주셨다. 우리나라 청소년들은 비정상적인 교육 제도로 인해 진로와 직업에 대해 충분히 고민하지 못한 채 대학을 지나 사회로 나간다는 내용이었다. 외국의 경우 보통 중학교 때부터 자신의 향후 직업에 대해 충분히, 구체적으로 생각할 수 있는 교육 시스템을 갖췄다. 따라서 대학에 진학하기 훨씬 전부터 자신이 하고 싶은 일과 진로, 직업을 결정하고 그에 맞는 준비를 해나갈 수 있다. 한국 청소년들은 정반대의 상황이다. 진로를 고민해야 할 중고등학교 시절에 되레 입시와 성적에 발목이 묶여 '대학에 진학한 다음'으로 미룬다는 것이다. 최근에는 중학교 때 진로를 고민하고 체험해 보는 '자유학기제'를 실시하고 있으나 그 효용성은 아직 충분히 증명되지 않았다.

청소년들은 그 나이에 당연히 해야 할 고민을 유예한 채 대학의 관문을 통과하는 데 모든 노력을 쏟아붓는데, 정작 대학의 전공이 자신의 진로와 일치하는지 충분히 고민하지 않은 경우가 많다. 그래서 막상 대학에 들어간 이후에 청소년기에 끝냈어야 할 복잡한 질문과 마주하게 된다. 대학에 가서라도 치열하게 자신의 진로와 인생 목표에 대해 고민하고 답을 얻는다면 다행일 것이다. 많은 청년이 묻고 또 물으며 해야 할 미래 인생설계 대신 '입시'를 대체한 '취업' 관문에 목을 맨다.

인생에 한 번뿐인 청춘의 삶을 생각해 볼 때, 아무리 봐도 기형적인 과정의 반복이다. 애초에 사회인의 첫 관문을 넘기 위해 10대의 시간을 달려온 청춘들은 대학의 문을 들어선 순간부터 이제 본격적인 '취업 경쟁'의 장에 들어선다. 대학생들이 자신의 진로를 고민하는 수준이 '중학생 수준'에서 더 발전하지 못하는 이유다.

디지털 혁명과 일자리의 종말

디지털 혁명이 가져올 혁명적 변화

인류 역사 이래 가장 빠른 속도로 변화하는 지금의 세상은 어떠하며, 앞으로 어떻게 변해 갈 것인지를 알아야 좀 더 현실적인 인생의 목표를 세울 수 있다. 우리는 혁신적인 기술 발전과 함께 인간 삶을 근본적으로 변화시킨 대사건을 '산업혁명'이라고 불러왔다. 산업혁명의 시발점, 즉 18세기경 영국에서 일어난 1차 산업혁명은 이른바 동력 혁명이자 대량 생산 체제의 구축이었다. 2차 산업혁명은 본격적인 기계 문명의 발전과 함께 대량 생산, 대량 소비 사회를 형성했고, 이후의 3차 산업혁명은 정보통신 분야를 통해 혁신적인 사회 변화로 이어졌다. 이 시점까지 따져 보자면 당시의 노동자들은 큰 혼란을 겪되 절망까지 느끼지는 않았을 것이다. 인간의 노동력이라는 가치가 대량 생산 또는 글로벌화된 정보통신망으로 넘어갔다 해도 사회가 필요로 하는 전문 인력과 그에 따른 일자리 역시 지속적으로 창출되었기 때문이다.

그런데 우리가 주목하는 4차 산업혁명은 그 성격이 완전히 다르다. 인공지능(AI)과 가상현실(VR) 기반의 기술 혁신은 '노동의 가치'라는 근본적인 산업화 시스템 자체를 뒤흔든다. 어린 시절 공상과학 영화로 보았던 2030년의 미래상이 이미 현실에서 구현되고 있다. 꿈 같은 미래가 실제로 눈앞에 펼쳐져서 기쁜 마음이 없지 않지만 그럼에도 불구하고 나는 급변하는 사회가 유토피아보다는 디스토피아에 가깝다고 느낀다. 한국의 현실, 즉 2030 세대의 노력과 고민, 4050 세대가 맞이하는 새로운 불안감을 주시하기 때문이다.

취업에 허덕이는 청춘은 여전히 '취준생' '공시생'의 일상을 살고 있다. 적지 않은 젊은이가 대학 진학부터 학자금 대출을 받고 시작하며, 최근 10여 년간 취업의 문이 좁아지면서 젊은 나이에 감당해야 할 경제적 압박도 더욱 커졌다. 한 보 앞선 세상을 직시하기보다는 자신이 처한 현실을 이겨 내는 일이 급해졌다.

직장인의 평균 근속 기간이 턱없이 짧아지면서 4050 세대의 상황 역시 녹록지 않다. 한참 자녀를 키워야 할 시기에 퇴사하게 되면서 자구책을 찾느라 안간힘을 쓰고 있다. 즉 청년의 취업문은 갈수록 좁아지고, 좁은 문을 통과하더라도 중년에 제2의 고난기를 맞이할 수밖에 없는 구조다. GDP 순위 세계 12위에 오르는 압축성장 과정에서 누적되어 온 사회정치적 문제의 결과라고도 할 수 있다. 그러나 그보다는 전 세계에 불어닥친 4차 산업혁명의 파도야말로 청년의 현재와 미래에 결정적인 영향을 미치고 있다.

4차 산업혁명 시기에 중심 세대로 자리할 청년들의 미래는 250년간 1차 산업혁명의 연장선에서 살아온 삶의 방식과 생각의 체계로는 상상하기 힘든 세상일 것이다. 사회의 모든 시스템이 하루가 다르게 급변하고 있다. 사람이 하던 일을 기계화하면서 생산 라인을 멈추지 않아도 되고, 실수로 불량품이 나올 확률은 제로에 수렴하고 있으며, 산업 재해 역시 현격하게 줄어들 것이다. 인간의 노동력을 최소화하면서 효율성을 극대화하고 있다. 따라서 새로 생기는 일자리는 사라지는 일자리를 채우지 못한다.

비단 생산 라인의 변화뿐만 아니라 전통적으로 기계가 할 수 없다고 생각되던 영역까지 인공지능과 로봇이 빠르게 인간을 대체하고 있다. 심지어 인간보다 효율적이며 실수도 거의 없다. 병원의 진단과 수술도 이제 인간과 컴퓨터의 협업 없이는 불가능할 정도이며, 인간의 개입 없이 인공지능만으로 병명을 진단하는 것도 가능한 시대다. 판사보다 인공지능이 내리는 판결이 더 공정하다는 주장도 있다. 주식 투자는 인간보다 컴퓨터가 더 잘할 수 있는 영역이다. 심지어 음악, 미술 같은 예술의 영역에서도 인공지능은 인간을 위협할 만큼 빠르게 성장하고 있다.

이렇게 변화하는 패러다임 속에서 공무원, 의사 등의 직업을 인생의 목표로 삼는 것은 어리석은 일이다. 직장의 평균 근속 기간도 굉장히 짧아졌지만 그보다 더 근본적인 문제는 희망하는 직업 자체가 미래에는 전혀 쓸모없을 수도 있다는 사실이다. 일과 직업, 그에 따른 교육과 법 제도 역시 대부분 변화할 것이다. 인간의 노동력이 덜 필요해지고 그만큼 일자리도 줄어들고 있다. 이미 무고용 시대가 시작되었다. 2030년 기준으로 700만 개의 일자리가 사라지고 200만 개의 일자리가 창출될 것이라는 예측도 나왔다. 즉 500만 개의 일자리가 사라진다는 것이다(2017년 8월 제54차 광주고용포럼 발표자로 나선 박가열 한국고용정보원 연구위원의 주제 발표 '제4차 산업혁명과 급변하는 일자리 시장' 중).

그러나 뒤집어서 생각해 보면 급격하게 변화한다는 건 새로운 기회를 의미한다. 사회의 변화에 빠르게 적응해 다양한 분야를 선점할 수 있는 기회를 맞은 셈이다.

2030 세대의 불안정성과 4050 세대의 불안정성은 동일하지 않으나 사회 기반을 무너뜨릴 수 있다는 점에서 닮은 부분이 있다. 청년기의 불안정성은 그들이 주도할 20년 뒤의 미래 사회를 준비한다는 점에서 매우 심각한 문제이고, 4050 세대의 불안정성은 가정 해체와 사회적 토대를 허물 수 있는 매우 위험한 상황이 될 것이다. 따라서 청년기에 안정된 삶의 기반을 닦아 중장년기의 불안정성을 낮춰야 한다. 현재 안정적이라고 여겨지는 일과 직업군이야말로 미래에 가장 위험한 일이 될 수 있으며, 청년기의 새로운 분야를 향한 도전이 오히려 이후의 삶을 안정적으로 만드는 좋은 투자가 될 수 있다. 더구나 4차 산업혁명 시대는 상대적으로 기회를 현실로 만드는 비용이 적게 든다. 빅데이터와 인공지능이 발전하면서 정보를 공유하고 데이터를 찾는 일이 용이하기 때문에 창업 기회를 쉽게 잡을 수 있으며 적은 자본으로도 실행에 옮길 수 있다. 2030 청년들이야말로 시대의 변화에 적응하고 선점할 기회를 잡아야 한다.

취업을 준비하는 시대의 종말

100세까지 산다고 가정해 보자. 생의 마지막 10년은 병원 신세를 진다고 해도 90년, 20세 이전의 공교육 과정을 빼면 70년이 남는다. 결코 짧지 않은 시간이다. 평생 해야 할 일을 찾는다는 생각보다는 청년과 중년, 노년의 생애 주기에 맞는 일을 준비하겠다는 생각의 전환이 필요하다. 기업의 퇴직 연령은 현재 60세 정도이지만 실질 퇴직 연령은 50세 전후다. 따라서 퇴직 이후 30년 넘는 중년과 노년의 삶을 미리 계획하고 준비해야 한다. 지금의 50대가 직면한 것처럼 준비 없이 직장을 잃으면 생계형 창업을 할 수밖에 없고 실패하면 남은 30여 년 인생을 무일푼으로 살아야 할 가능성이 높아진다. 또한 기업 자체도 부침을 겪기 때문에 20~30년간 한 회사에 근무하는 것이 매우 어렵다. 한국의 수많은 기업 중 창업 후 100년을 맞은 기업은 고작 10여 곳뿐이다.

한 회사에서 오랜 세월 근무하며 고액 연봉을 받는 시대는 끝났다. 내가 가진 전문성으로 그와 관련된 모든 일을 혼자 처리할 수 있어야 여러 직장을 쉽게 옮겨 다닐 수 있다. 앞으로는 한 회사에서 꾸준히 일하며 경력과 비례한 연봉을 받는 대신 프리랜서나 1인 기업 형태로 일하게 될 것이다. 100세 시대는 청년 시절부터 준비해야 한다. 청년들이 살아갈 세상은 정확하게 예측할 수 없으므로 변화를 잘 읽고 준비해야 한다. 특히 두 가지 환경을 염두에 두어야 한다. 우선 IT 혁명에 적응하기 위해 IT 기술 적용과 체계 이해 등을 위한 다양한 노력이 필요하고, 시대적 변화가 요구하는 직업을 발견해야 한다는 점이다. 이 두 가지 환경을 염두에 두고 청년이 선택할 직업을 재구성해 보았다. 하나의 직업에 세 가지 형태가 다 뒤섞여 존재할 수도 있고, 각각의 직업일 수도 있다.

첫째, 앉아서 일하는 직업

둘째, 서서 일하는 직업

셋째, 움직이며 일하는 직업

첫 번째는 게임, 앱 개발, 플랫폼 사업, 바이오, 의료 센서 개발 등 앉아서 일하는 직업이다. 지금은 소품종 대량 생산을 기반으로 한 사회이기 때문에 앞으로 다가올 미래 사회 구조를 이해하고 4차 산업혁명의 의미를 규명하는 노력이 필요하다. 특히 디지털 사회에 대한 이해는 미래 사회 구성을 위한 기반이 되는 매우 중요한 지점이다. 미래 직업은 디지털 사회의 핵심을 관통하는 일이어야 한다. 코딩 교육과 영어, 중국어는 필수 사항이다. 우선 코딩 교육은 단순히 기술을 익히는 것이 아니라 IT 혁명 시대의 환경을 완벽하게 이해하고 새로운 것을 창조하는 영역이다. 세계 제조업 생산 기지에서 세계 최대 소비 시장으로 성장하는 14억 중국 시장을 염두에 둔 중국어 학습, 세계 경제 질서의 규칙과 제도를 만들고 IT 혁명을 선도하는 미국을 이해하기 위한 영어 학습도 꼭 필요하다. IT를 기반으로 한 초연결 디지털 사회는 이제 시작 지점에 불과한 만큼 새로운 기회를 제공하고 있다. 이러한 혁명적 변화는 청년들에게 큰 고통을 주는 동시에 기회도 열어 놓았다.

두 번째는 여행, 인력 회사, 환경 산업, 제조업 등 서서 일하는 직업이다. 앞으로 우리는 디지털 사회의 폭풍에 휩싸일 것이다. 인공지능, 사물인터넷, 빅데이터가 이끄는 초연결 사회의 격변 속에서 그 변화를 해석하고 설명하는 다양한 직업을 예측해 볼 수 있다. 그러나 IT 혁명 시대에도 전통적으로 서서 일하는 직업으로 분류되는 제조업과 서비스업(제조업과 서비스업의 경계 자체도 불분명해지고 있다)은 여전히 중요한 산업 분야라는 점을 간과해서는 안 된다.

중국과 인도가 그동안 값싼 노동력을 바탕으로 세계 소비 시장의 가격 경쟁력을 지탱해 준 제조 공장이었다면 지금은 세계 소비 시장의 두 축으로 떠오르고 있다. 두 나라의 급격한 경제 성장은 4억~5억 명의 중산층을 양산했으며 전체 인구의 10퍼센트가 넘는 경제 고소비층을 만들어 내며 유럽, 미국, 일본 등 선진국 시장의 주요 고객으로 급부상했다. 달라지는 세계 시장에 능동적으로 대처하기 위해 대한민국도 원료 구입, 생산, 판매, 물류, 재고 관리, 평가 등을 아우르는 하나의 시스템을 갖추려는 노력이 필요하다. IT 강국으로 성장하는 것과 함께 제조업 3.0 혁신을 추진해 나가야 하는 이유다.

실제로 독일, 일본, 미국 등 전통적인 제조업 강국의 움직임이 점차 빨라지고 있다. 전통 제조업의 몰락을 방치하기는커녕 새로운 도약을 위한 노력을 다각도로 시도하고 있다. 한국 정부 역시 고전하는 전통 제조업 분야에 ICT(정보통신기술)를 결합하는 미래 산업 창출을 다짐하고 나섰다.

세 번째는 움직이며 일하는 직업이다. 도움이 필요한 현장에 직접 가서 전문 지식과 기술로 문제를 해결해 주는 직업이 해당된다. 해당 분야의 전문성은 물론 다양한 경험을 갖고 있어야 하며 문제 상황에 맞닥뜨린 사람을 상대해야 하는, 그야말로 그 분야의 장인이라 불릴 만한 전문가들이다. 아이디어부터 제작, 판매,

관리에 이르기까지 전 영역을 혼자 처리하기 위해 분주하게 움직이는 '1인 기업'도 여기 속한다. 움직이며 일하는 직업은 지금까지 가장 고단한 직업으로 인식되어 왔으나 앞으로는 가장 성장 가능성이 높고 활동적이며 보편적인 직업군이 될 것이다. 해당 분야에 대한 충분한 경험과 지식이 축적된 중장년층 이후의 직업 스타일로 매우 적합하다. 특히 수입보다는 가치에 의미를 두고 직업이자 사회 봉사 활동으로 선택한다면 100세 시대의 마지막 직업으로 이보다 더 좋을 수는 없을 것이다.

한국의 베이비붐 세대(1955~1963년생)가 은퇴를 맞고 있다. 전체 인구 가운데 14퍼센트, 700만 명이 넘는 숫자다. 물리적으로는 은퇴했거나 은퇴해야 할 나이지만 이전 세대와 달리 일하고 싶은 욕구와 건강한 체력은 물론 전문성을 가진 사람이 많다. 이들은 이전까지 보기 어려웠던 은퇴 이후의 다양한 도전과 삶의 모습을 보여 주고 있다. 자신의 전문 지식을 활용하여 NGO 단체의 멘토로 활동하는 경우가 좋은 예다. 몸은 고달프고 수입은 적지만 평생 쌓아 온 경험과 지식을 나눈다는 보람을 느낄 수 있어 전문직 출신 베이비붐 세대가 주목할 만한 분야다.

앞으로 20년 후에는 어떤 세상이 펼쳐질지 상상해 보자. 초연결 디지털 사회가 더욱 가속화되어 IT 혁명이 전면화되면 작업 공간과 생활 공간이 일체화될 것이다. 언어에 구애받지 않고 전 세계인이 소통 가능할 정도로 IT 기술이 발전할 것이며, 아이디어만 내놓으면 그대로 상품화되고 거래되는 사회가 곧 열릴 것이다. 지금의 2030 세대가 의미 있는 일을 하며 인생 후반을 준비할 때가 되면 전 세계 어디든 갈 수 있고 무슨 일이든 가능해질 것이다.

세계는 부의 양극화뿐만 아니라 지식과 경험 역시 한쪽으로 기울어진 운동장이라고 할 수 있다. 기회의 불평등은 초연결 사회가 되면 더욱 심화될 것이다. 2017년 현재 에너지 혁명과 보호무역주의로 완전 고용을 실현한 미국도 상위 1퍼센트가 하위 90퍼센트의 부를 합친 것만큼의 부를 독점하고 있으며 이런 현상은 앞으로 더욱 가속화될 전망이다. 따라서 부의 집중에 따른 기회의 불평등을 해소하기 위한 노력과 함께 다양한 사회 봉사 활동의 기회가 늘어날 것이다.

지금의 2030 세대가 60대가 되면 세계 인구는 100억 명에 이를 전망이다. OECD 국가의 인구 감소와 상관없이 중국, 인도를 비롯한 아시아와 아프리카의 인구는 폭발적으로 증가하는 추세다. 지구 인구는 30억 명이 적당하다는 연구 결과도 있으니 100억 명이라는 수치는 각종 재난과 자원 부족 현상을 불러올 가능성을 내재하고 있다. 인구의 폭발적인 증가는 인류의 삶을 위협하는 거대한 재앙이 될 수 있으며 기후 변화에 따른 각종 재난도 매우 어려운 도전 과제가 될 것이다. 2030 세대에게는 아직 먼 이야기처럼 느껴지겠지만 막연하게라도 60대 이후에 찾아올 노년의 삶을 계획하고 준비하는 것이 바람직하다. 또한 노후를 준비하는 가장 좋은 방법 중 하나는 현실 정치에 관심을 갖고 나의 미래를 좌우할 정책 결정에 적극적으로 참여하는 것이다.

기회는 기다리는 것이 아니라 만드는 것

사람은 언제, 어떻게 다가올지 모르는 기회를 꿈꾼다. 한번 놓쳤다고 후회하면서도 다음 기회를 기다리겠노라 스스로 위안하기 마련이다. 지금껏 노력한 일에 대해 언젠가는 보상받을 거라는 막연한 자신감과 안일한 긍정이다. 내가 움직이지 않는 이상 다음 기회를 만나기란 매우 어렵다. 속담 그대로 '감나무 밑에서 감이 떨어지기를 기다리는' 게으름이다. '나는 왜 항상 제자리일까' '내게는 왜 운명 같은 기회가 오지 않을까'라고 고민하는 젊은 친구들을 만날 때마다 역사 속 이야기 한 편을 들려주곤 했다.

15세기가 끝날 무렵까지 세계의 모습을 제대로 아는 사람이 거의 없었다. 당시 사람들은 인접한 나라 외엔 다른 나라를 잘 모르는 데다 적극적인 교류의 필요성을 느끼지 못할 만큼 좁은 세계를 살고 있었다. 세계는 '연결되지 않은 상태'에서 저마다 자기 중심적 방식으로 존재했다. 분쟁과 상거래, 전쟁 역시 제한된 곳에서만 일어났다. 유럽은 아메리카라는 거대한 땅의 존재조차 알지 못했다.

13세기 이후 아시아와 유럽 사이에 자리 잡은 오스만튀르크제국은 15세기가 되자 콘스탄티노플을 장악하며 동서양 상거래를 주도하는 세력으로 성장했다. 유럽은 후추를 비롯한 아시아의 향신료가 절대적으로 필요했지만 오스만튀르크제국 때문에 원하는 물건을 쉽게 손에 넣을 수 없는 상황이었다. 유럽 귀족들 사이에서 향신료는 어떤 대가를 감수하더라도 반드시 손에 넣어야 하는 필수품이었다. 15세기 무렵 유럽은 중세의 잠에서 깨어나 새로운 경제 무기를 찾아 나섰다. 향신료와 황금을 얻기 위해 인도로 떠난 것이다. 1492년 탐험가 콜럼버스가 대항해 끝에 도착한 땅은 인도가 아닌 아메리카 대륙의 아이티였다. 이 역사적 사실을 우리는 잘 알고 있다.

그러나 이보다 60여 년 앞서서 세계를 탐험한 나라가 있다. 서유럽이 세계의 중심에 서는 계기가 된 '대항해 시대'를 가장 먼저 열어젖힌 나라는 포르투갈이었다. 포르투갈은 콜럼버스가 아메리카 대륙을 발견한 1492년보다 앞선 1434년에 서아프리카를 발견했다.

포르투갈이 서아프리카에서 들여온 향신료로 엄청난 부를 축적하자 다른 유럽 국가들도 앞 다퉈 바닷길 개척에 나서기 시작했다. 포르투갈은 이베리아반도 서쪽 끝자락에 자리한 유럽의 변방국이었지만 담대한 계획을 세우고 스스로 운명을 개척한 끝에 유럽 최강자로 군림할 수 있었다.

유라시아 대륙 최서단에 위치한 포르투갈령 카보다로카의 돌탑에 포르투갈 시인 카몽에스가 인도로 간 최초의 유럽인(포르투갈인) 바스코 다 가마를 위해 써 놓은 시구가 인상적이다.

"이곳에서 육지가 끝나고 바다가 시작된다."

15세기 중반까지 포르투갈의 황량한 시골 마을이었던 카보다로카는 중세 시대와 대항해 시대를 가르는 분기점이 되었다. 단순히 바다가 시작되는 육지의 끝이 아니라 낙후했던 유럽을 세계 역사의 중심으로 일으켜 세운 상징이 된 곳이다.

포르투갈이 세계 제1의 해상 왕국이 된 것은 결코 우연이 아니다. 포르투갈 왕 주앙 1세의 아들 엔리케 왕자(1394~1460)의 헌신적인 노력과 왕가의 지원이 합쳐져 유럽 최강의 해상 왕국으로 발돋움할 수 있었다. 엔리케 왕자가 태어난 이베리아반도는 기원

전 11세기부터 로마인, 게르만인, 무어인의 침략에 맞서 저항한 투쟁의 역사를 지니고 있다. 포르투갈은 1143년 로마 교황으로부터 독립을 승인받아 유럽 최초의 민족 국가로 출발했지만, 불안과 빈곤 때문에 미래가 암울했다.

직접 배를 탄 적이 없는 엔리케 왕자가 위대한 항해가로 추앙받는 이유는 수많은 탐험대를 지중해 넘어 먼 바다로 보냈으며 멀고 험한 바다를 항해할 '캐러벨'이라는 범선을 만들고 항해 지식과 도구의 발명과 발전을 지원했기 때문이다. 엔리케 왕자는 포르투갈 남단 서글레스에 세계 최초의 국립해양학교를 세우고 천문대와 도서관을 만들었다. 민족과 종교가 달라도 우수한 전문가와 학자를 받아들였다. 특히 수학자를 적극 기용하여 수학과 천문학 이론을 바탕으로 항해술을 발전시켰다.

그는 국가의 미래를 위해 담대한 도전을 기획하고 기술을 발전시켜서 내일을 준비한 탁월한 지도자였다. 1460년 눈을 감을 때까지 독신으로 살며 포르투갈을 위해 헌신했다. 엔리케 왕자의 뜻을 계승한 주앙 2세는 1487년 범선 세 척으로 아프리카 남단의 희망봉을 발견하여 아시아를 향한 뱃길을 열었다.

대륙 끝자락이라는 한계에 좌절하지 않고 드넓은 미지의 대양을 개척한 엔리케 왕자의 노력은 바스코 다 가마가 아프리카 희망봉을 지나서 인도에 도착하는 것으로 열매를 맺었다. 장기간의 계획을 동반한 기획된 창조인 셈이다. 아프리카와 인도 항로를 발견한 포르투갈은 변방 국가에서 강력한 해상 제국으로 급부상했다. 바다에 인생을 바친 엔리케 왕자의 열정과 도전은 유럽 최빈국 포르투갈을 세계 최고의 부국으로 만들었으며, 수 세기 동안 유럽이 세계를 주도할 수 있는 기반을 다졌다.

카보다로카는 세계를 하나로 잇는 상징적인 장소다. 막힌 대륙을 넘어 대양으로 눈을 돌린 지도자의 판단과 그 판단을 지원한 국가가 엄청난 성공을 거둔 좋은 표본이다. 지금은 모든 영욕을 간직한 채 관광객을 맞이하는 조용한 시골 마을이지만, 여전히 담대한 도전을 격려하듯 대서양의 세찬 바람이 불고 있다. 인생도 찾아온 기회를 살리는 게 아니라 기회를 만들어 가는 것이다. 카보다로카가 유럽과 세계를 연결하는 출발점이 되었듯이, 지금 내 삶이 변방의 위축된 상황일지라도 언젠가 비칠 햇살을 위해 당당히 도전해 나가야 한다.

다만 한 가지 짚고 넘어가자면 포르투갈이 문을 연 '대항해 시대'나 '신대륙 발견' 등은 유럽의 시각으로 본 세계사이며 이들로부터 수탈당한 아프리카, 아시아 등 피해 국가의 시각에서는 명백한 침략과 수탈이다. 그러나 유럽 변방의 포르투갈이 좌절하지 않고 새로운 발전의 기회를 모색한 점, 특히 엔리케 왕자의 시대를 앞선 도전과 개척 정신만큼은 청년 세대에게 들려주고 싶어 예로 삼았다.

우리는 4차 산업혁명 시대의 중심에 서 있다. 1차 산업혁명 이후 250년간 이어진 생활 방식과 생산 방식 그리고 사고방식을 뒤흔드는 혁명의 시기를 살고 있다. 초연결 사회는 디지털 사회의 또 다른 표현이다. 세계는 지금 새로운 지식 창조 시스템을 만들기 위해서 미래 기술에 투자하고 있다. 변화 속에서 길을 잃을 수도 있지만 변화는 더 큰 기회를 얻을 수 있는 좋은 조건이기도 하다. 대한민국은 50년 만에 세계 12위의 경제 대국을 만든 저력을 갖고 있다. 내 앞에 놓인 어려움은 극복의 대상일 뿐이다. 우리 청년들에게 나 자신을 넘어 '대한민국의 미래를 바꿔 보겠다'는 당찬 포부가 필요한 때다.

실패율 높은 창업의 벽

지금은 '기업의 시대'

1인 기업 시대가 도래했다. 20대의 창업이든, 중년 이후의 창업이든, 아니면 취업한 직장인이든 변화한 시대에 걸맞은 경영 철학과 정신이 필요하다. 이것을 새로운 '기업가 정신'으로 규정했다. 기업가 정신이야말로 모든 청년들에게 필요한 시대 정신이다.

중국 CCTV EBS의 다큐멘터리 프로그램 《기업의 시대》에서 현재는 '기업의 시대'라고 규정했다. 책으로도 출간된 이 프로그램에서는 '세계 GDP의 94퍼센트가 기업에서 창출되며, 세계 100대

경제 주체 가운데 51개가 기업이고 49개가 국가'라고 설명한다. 극단적인 예로 세계 10대 기업의 총 매출액을 합하면 가장 작은 나라 100개국의 GDP를 합친 것보다 많다. 미국의 프로농구 리그인 NBA도 하나의 기업이다. 농구 시합은 계약과 수입으로 전환된다. '기업은 사람뿐만 아니라 운동선수의 두 주먹이나 발 하나까지도 값을 매겨 상품화한다'고 소개하고 있다. 이러한 설명에 따르면 우리가 '기업의 시대'에 살고 있는 것은 분명하다.

군대, 민족, 정당 등 지금까지 인류가 만들어 낸 많은 조직이 있다. 그중에서도 기업은 인류가 만들어 낸 최고의 발명품이라 할 수 있다. 자본을 한 곳으로 모으고 리스크는 분산시키는 구조에 새로운 지식과 기술을 적용하여 부가가치를 만들어 낸다. 기업은 유형 무형의 다양하고 진보적인 성과를 낳고 있으며 개인은 물론 사회와 국가에도 지대한 영향력을 행사한다.

특히 유연하고 효율이 높은 경제 조직인 기업은 이미 인류 역사에서 많은 발전과 혁신을 주도하고 있다. 기업을 통해 사람이 모이고 함께 일하며 이 과정에서 이윤을 창출한다. 그리고 기업의 이윤은 다시 함께 일하는 사람들에게 분배된다(분배가 공정하지 않다는 주지의 사실은 논외로 한다). 기업을 통해 많은 사람이 사회 안에서 안정된 생활을 영위하는 것이다.

세계는 끊임없는 시장의 팽창과 함께 발전해 왔다. 지금의 기업은 지역과 국가를 넘어 세계를 상대로 경쟁하면서 자신의 영향력을 확대해 나가고 있다. 또한 기업은 개인의 삶과 사회 전체에 강력한 영향력을 행사한다. 물론 자본주의 시장 경제 안에서 적지 않은 폐단을 만들어 내기도 했지만 기업이 가진 긍정적인 기능과 역할을 부정하기는 어렵다. 기업은 사회구성원들이 사회 안에서 안정된 삶을 영위할 수 있는 기반을 제공할 뿐만 아니라 사회 전체의 윤리 환경을 조성하는 데도 일조한다.

"어떤 기업이든 사회를 더 훌륭하게 만드는 데 목표를 두어야 한다. 그렇지 않은 기업은 존재할 필요가 없다."

미국의 기업가 포드가 사회 안에서 기업의 역할을 강조하며 한 말이다. 간혹 기업에 관해 막연하게 부정적인 시각을 갖고 있는 사람들이 있다. 물론 기업의 의미와 가치 그리고 역할에 비해 우리 현실에서 기업이 보여 준 모습은 부정적인 측면이 많다. 하지만 기업의 잘못은 해결 불가능한 문제가 아니다. 구조적으로 사회적으로 문제를 논의하고 개선해 나가면 된다. 기업이 안고 있는 일부분의 문제로 인해 기업이란 존재 자체를 부정할 수는 없는 일이다.

기업가 정신은 왜 필요한가

'창업을 한다면 어떤 비전을 가지고 어떤 목표를 넘어 어떤 기업을 만들 것인가?' 대학에서 기업가 정신을 강의하며 학생들에게 던진 질문의 핵심이다. 기업에 취직하는 것이 목표인 학생들에게도 이 질문은 유효하다. 평생 회사의 직원으로만 근무하는 것이 불가능하기도 하고, 기업가 정신을 제대로 알아야 자신의 비전에 부합하는 좋은 회사를 골라 인생 전체에 긍정적인 영향을 주는 직장 생활을 해 나갈 수 있기 때문이다.

기업가 정신은 이제 시대 정신이다. 언론을 비롯해 많은 사람이 '새로운 기업을 창업하는 데 있어 일본이나 중국에 비해 한국은 용기가 부족하다. 기업가 정신이 부족한 것이다'라는 식으로 기업가 정신을 이야기하는 경우가 많다. 어느 재벌 총수의 인터뷰 기사를 읽은 적이 있다. '많은 사람이 기업가 정신을 잃어버렸다. 우리는 헝그리 정신으로 돌아가야 한다'라는 내용이었다. 이를 정리해 보자면 '기업가 정신＝헝그리 정신＝도전 정신'으로 해석하고 있음을 알 수 있다. 도전 정신은 황무지를 개척해 나가는 모험가에겐 필요할지 모르나 시대 정신으로서의 기업가 정신에는 한참 부족하다. 기업가 정신은 도전 정신을 포함하여 훨씬

폭넓은 개념으로 정의되어야 한다.

　나는 기업가 정신이 다음의 세 가지 요소로 구성된다고 본다. 첫째 현재의 상황을 극복하려는 혁신에 대한 의지, 둘째 실패를 두려워하지 않는 도전 정신, 셋째 창출된 가치와 이익을 사회와 공유하려는 자세다. 현재의 상황을 극복하기 위해 실패를 두려워하지 않고 도전하며, 그 결과로서 창출된 가치를 사회와 공유하는 것이 바로 기업가 정신이다.

　기업가는 새로운 제품을 생산하기 위해 필요한 여러 가지 혁신 방안과 구체적인 실천 요소를 종합적으로 사고한다. 여기에 기업의 가치와 사회적 기여를 함께 고민해야 비로소 '기업가 정신'을 가졌다고 할 수 있다. 기업가에게는 기업에 필요한 기술과 경영 방법 외에도 사회를 올바르게 바라보는 시각이 필요하다. 시대와 동떨어진 시각으로 지속 가능한 기업을 경영하는 것은 불가능하다. 기업가 정신은 이(利)와 의(義)가 완전하게 융합될 때 힘을 발휘한다. 단순한 통합이 아니라 이윤 추구와 의로운 행위가 하나로 구현되는 융합이 바로 시대 정신이자 기업가 정신인 것이다. 이런 기업가 정신을 강조하는 한국 기업은 어디일까? 안타깝게도 한국에서 이런 정신으로 성공한 기업가를 찾아보기 힘들다. 현재 우리 사회에서 기업 활동을 이어 가는 대기업을 살펴보자.

'사회와 공적 관계를 가진 기업'이라는 관점으로 보면 비판받을
부분이 상당히 많다.

우리에게 남아 있는 상인의 전통은 일제강점기를 거치며 거의
맥이 끊기다시피 했다. 우리 역사 속에 상인의 전통이 존재하지
않았다는 것이 아니라 원래의 고유한 상인 전통이 단절되어 계승
되지 않았다는 뜻이다. 중국의 경우는 그들의 긴 역사 안에 상업
적 문화와 상인 정신의 틀이 존재했다. 그러나 아편전쟁이라는
재난과 중화인민공화국 수립 후 현재에 이르는 100년 사이에 사
회적 정치적 경제적으로 상당한 부침을 겪었기 때문에 중국 역시
전통적인 상인 문화와 정신을 현재에 계승하고 있다고 보기는 어
렵다. 중국 역시 한국과 비슷한 과정을 겪어 왔다.

반면 일본은 상업적 전통이 비교적 잘 남아 있고, 현재의 문화
속에 살아 있어서 기업의 운영과 활동 전반에 걸쳐 오래된 철학
이 존재한다. 일본의 상인들에게서는 개인과 사회의 이익을 하나
로 바라보는 정신을 찾을 수 있다. 일본에 오래된 기업과 노포(老
鋪)가 많이 존재하는 이유도 바로 이런 전통 때문이라고 본다.

기업가 정신에서 가장 중요한 덕목은 실천이다. 이 실천은 다
름 아닌 사회와 공적 관계를 만들고 유지하는 것이다. 기업과 사
회의 공적 관계란 악어와 악어새가 맺는 공생 관계와는 차원이

다르다. 나무와 대기처럼 서로가 서로에게 없어서는 안 될 필수적인 관계를 의미한다. 대기는 나무가 에너지를 만들 수 있도록 이산화탄소를 내주고 나무는 자신이 살아가는 대가로 대기에 산소를 공급한다. 기업가가 사회와 기업의 공적 관계를 깨닫는다면 윤리 기업으로 거듭날 수밖에 없다. 제품을 생산하고 판매하는 모든 과정에서 사회적 이익을 고려할 뿐만 아니라 직원들의 복지와 기업이 자리 잡은 지역 사회와의 공존도 더욱 적극적으로 모색하게 된다.

기업을 바라보는 사회의 풍토와 시선에도 새로운 변화가 필요하다. 20대에 창업해 대기업을 일군 창업주들은 가계를 통해 기업을 승계하면서 사적 소유물처럼 운영해 온 것도 사실이다. 시장은 이런 사적 소유에서 기인하는 문제들을 용인해 왔으며 법 또한 이들의 비윤리적 행태를 제재하기보다는 정치적 판단으로 눈감아 준 선례가 많다. 여기에서 우리가 사회적 공론화를 통해 해결해야 할 과제가 있다.

우리나라 기업(대기업, 중소기업)들의 가장 큰 고민이 바로 기업의 승계 문제다. 이 과정에서 각종 탈세와 불법이 동원되곤 했다. 미국과 일본 등 선진국 사례를 충분히 검토하고 기업의 안정적 발전을 담보하되 법률의 테두리 안에서 투명하게 진행되도록 사회적 합의를 끌어내는 과정이 필요하다고 생각한다.

진정한 의미의 기업가 정신의 부재야말로 한국 기업의 기형적인 성장을 가능하게 만든 요인이다. 뿐만 아니라 '기업이 살아야 나라가 산다'는 막연한 주장은 오히려 반드시 개선해야 할 기업의 문제점을 간과하고 방치하게 만든다. 사회가 기업의 잘못을 냉정하게 질책하고 올바른 방향을 요구해야 기업이 건강해질 수 있다.

글로벌 기업에서 배우는 기업가 정신

| 이스라엘 | 인구 750만 명에 1인당 벤처 펀드 규모는 세계 1위이며, 나스닥 상장 기업 수가 유럽 전체 기업의 두 배에 달하고 세계 경기 침체 속에서 단 한 곳의 은행도 망하지 않은 나라가 있다. 모래로 뒤덮인 척박한 땅에서 건국 이후 10여 명의 노벨상 수상자를 배출한 나라이기도 하다. 바로 이스라엘이다. 척박한 사막기후와 사방을 둘러싼 아랍 국가들 사이에서 살아남기 위한 노력이 이스라엘 기업들을 성공으로 이끌었다. 안보를 위한 각종 장비와 무기 개발, 척박한 기후에 대응하기 위한 물 관리 기술 개발 등 세계적인 명성을 얻은 기업이 다수 존재하는 이유다.

이스라엘에는 '후츠파'라는 독특한 문화가 있다. 후츠파는 히브리어로 뻔뻔함, 담대함, 저돌성, 무례함 등을 뜻하는 말이다. 후츠파는 이스라엘 사람들이 아이들에게 가르치는 가정교육의 기본이자 사회 전반을 아우르는 대표적 교육 정신으로 자리 잡고 있다. 후츠파 정신은 형식과 권위에 얽매이지 말고 끊임없이 질문하고 도전하라는 가르침이다. 때로는 뻔뻔해 보일 정도로 자신의 주장을 밝히며 밀고 나가는 것이다. 권력과 권위 앞에서도 자신의 생각을 과감하게 밝히는 용기다.

윤종록 전 미래창조과학부 차관의 책《후츠파로 일어서라》에는 후츠파 정신을 일곱 가지 요소로 정리해 놓았다. 오래된 형식을 타파(Informality)하고 누구나 질문할 권리(Question Authority)를 가지고 있으며, 많은 것을 섞고 또 스스로 섞여 보라는 가르침(Mash-up)이다. 또 위험을 감수할 줄 알아야(Risk) 하고, 항상 목표를 지향해야(Purpose Driven) 하며, 끈질기게 물고 늘어져야(Tenacity) 하며, 실패로부터 교훈을 얻어야(Learning from Failure)한다는 내용을 담고 있다.

이 후츠파 정신이야말로 이스라엘을 벤처 창업 세계 1위로 이끈 근본적인 힘이다. 2013년 이스라엘에서 새롭게 창업해 시장에 나온 기업의 수는 미국의 3배, 유럽 평균의 30배에 이른다고 한다. 세계 벤처 투자금의 35퍼센트가 이스라엘에 몰려 있으며 100대 첨단 기술 기업 중 75개가 이스라엘에 연구소나 생산 기지를 두고 있다.

물론 후츠파 정신으로 도전했다고 해서 모두가 성공하는 것은 아니다. 세계적으로도 창업 성공률은 매우 낮다. 이스라엘의 경우도 창업 성공률이 2.5퍼센트에 불과하다. 그러나 이스라엘은 '한번 실패는 그 사람의 자산'이라고 생각하는 문화를 갖고 있다. 그래서 실패를 자산 삼아 다시 도전하고 일어서는 사람이 많다. 실패가 쌓여서 비로소 성공하는 창업으로 이어지는 것이다. 한번 실패하면 다시 일어서기 힘든 우리의 기업 환경과 사회 풍토를 생각하면 대단히 부러운 문화다.

| **독일** | 독일은 이른바 히든 챔피언이라 불릴 만큼 강한 중소기업이 많은 나라다. 독일의 중소기업들은 오랜 시간 축적한 기술력과 노하우를 바탕으로 자동차 고급 부품부터 첨단 기술이 필요한 항공기 부품, 신소재 등 공공 연구 기관이나 대기업이 아니면 도전하기 어려운 분야에서 굳건히 자리 잡고 있다. 독일의 기업 문화는 '길드'라고 부르는 직조 협동조합에서 그 뿌리를 찾을 수 있다. 말 그대로 가내수공업이던 유럽의 직조 기술은 '길드'라는

협동조합 형태로 조직화되면서 유럽 전역으로 퍼져나갔다. 한 사람이 길드에 가입하고 오랜 시간 기술을 익혀 특정한 수준에 이르면 그를 '마이스터'라고 칭한다. 이 마이스터는 독립해서 새로운 길드를 만들고 사람을 모아 함께 일하며 기술을 공유한다. 초기의 길드는 이렇게 성장하면서 이익 집단으로 발전했다. 마이스터를 중심으로 운영되던 길드는 시간이 지나면서 기술과 자본을 공유하는 대신 가족을 중심으로 한 폐쇄적인 조직으로 변하기 시작했다. 결국 1700년대 말부터 1800년대를 전후해 전 유럽에서 길드가 해체되기에 이른다.

그러나 독일은 해체된 길드의 마이스터 제도를 국가에서 운영하는 직업 제도로 법률화했다. 프로이센의 비스마르크가 그 시작이었다. 마이스터 제도의 가장 큰 장점은 기술자를 양성하고 안정된 시스템으로 기술을 전수하는 과정이다. 이 전통은 아직도 독일의 교육 제도 안에 살아 있다. 독일의 중학교 3학년 과정 학생들은 두 종류의 수업 중 하나를 선택한다. 학업을 계속할 학생들과 직업 기술을 배울 학생들로 나뉘는 것이다. 이들 중 기술 교육을 선택한 학생들은 9~12년간 경력을 쌓아 마이스터 반열에 오를 수 있다.

마이스터가 되는 것이 쉬운 일은 아니다. 해당 분야의 기술은 물론 기업 운영의 노하우와 기업에 필요한 시스템 등 지속 가능한 경영을 위해 필요한 다방면의 지식과 경험을 쌓아야 하고, 많은 시험과 까다로운 절차를 밟아야 한다. 이런 마이스터 제도를 통해 길러지는 독일의 인재들이 바로 독일 기업 문화의 토대를 이루고 있다.

한국에서도 독일의 기술 교육을 벤치마킹하겠다는 취지로 '마이스터 고등학교'를 도입했다. 긍정적인 변화지만, 이보다 중요한 것은 사회가 일정 수준에 이른 기술자들의 생계와 사회적 지위를 보장해 주는 것이다. 지금의 사회 시스템 안에서 마이스터고 졸업 이후에 대졸자들과 같거나 더 나은 수준의 일자리를 찾는 것은 요원해 보인다.

독일의 마이스터 제도는 배울 점이 많다. 독일은 교육에서부터 동등한 기회를 부여하고 어려운 과정을 통과해 마이스터가 되면 실질적인 혜택을 제공한다. 이 시스템 내에서 장인으로 인정받으면 누구라도 그만큼의 대우를 받는 사회 풍토가 자리 잡고 있다. 독일 산업은 마이스터를 중심으로 한 작고 단단한 중소기업들로 이루어져 있다. 전체 기업 수의 90퍼센트가 중소기업이다. 독일은 하나의 기업이 광폭한 거인이 되는 것을 막기 위해 1958년부터 법률로 철저하게 규제하고 있다.

| **일본** | 동아시아를 대표하는 한국, 중국, 일본은 유교 질서로 유지되는 사회였으며, 사농공상(士農工商)의 엄격한 신분 사회였다. 특히 상인은 농민과 달리 떠돌아다니는 사람이 많았으므로 세금을 부과하기 어려웠다. 또한 전국을 돌아다니며 지방 정세와 민심에도 밝았으니 지배 계급에게 그리 달가운 존재는 아니었다. 일본 상인들은 일본 전역을 통일한 오다 노부나가와 그 뒤를 이은 도요토미 히데요시 시절에 큰 전환점을 맞았다. 오다 노부나가는 천황가와 귀족만 갖고 있던 상거래 권한을 백성들에게 돌려줌으로써 상인 계급이 출현하는 계기를 만들었다. 도요토미 히데요시는 전국 통일 이후 일본 상인들을 오사카성 아래로 집단 이주시켜 관리함으로써 영주들을 견제하는 수단으로 활용했다. 도요토미 히데요시는 상인 출신이었고, 상인들은 물고기가 큰물을 만난 듯 절호의 기회를 잡을 수 있었다.

일본 상인들은 오사카와 교토를 중심으로 특유의 계급성과 세계관을 형성하기 시작했다. 그들의 특징을 몇 가지로 정리해 보았다.

우선 일본 상인들은 사농공상의 유교적 신분 체계 속에서도 계급적 자각을 통해 자신의 지위를 향상시켜 나가며 차츰 지배 계급과 대등한 관계로 성장했다. 이는 동아시아와 세계 역사에서 유례를 찾아보기 힘든 현상이다.

두 번째, 일본은 세계 상인 역사에서 독보적이라 할 만큼 노포가 많다. 지금도 200년 이상의 역사를 가진 점포가 3,500개 이상으로, 전 세계 노포의 절반이 넘는 숫자가 일본에 존재한다. 대를 이어 점포를 운영하고, 대를 이를 자식이 없으면 능력 있는 사람에게 노포를 계승시킨 결과였다.

세 번째, 오랫동안 점포를 운영한 사람들은 지역이나 업종에 상관없이 '특별한 DNA'를 갖고 있었다. 즉 높은 품질을 유지하면서 새로운 제품과 더 높은 품질에 도전하며 윤리적인 경영 마인드를 갖고 있다는 점이다. 최고의 제품을 개발하기 위한 노력, 장사할 때 반드시 지켜야 할 윤리관, 자신들만의 정체성, 주인과 직원의 독특한 관계 등 일본 상인들만의 전통이 존재하며, 이는 현대 일본 기업에 그대로 계승되고 있다.

1960~1970년대 일본 경제가 세계 2위의 반열에 오른 것은 전 세계 어느 기업도 실행에 옮기지 못한 종신고용제, 연공서열제, 기업별 노조라는 일본 특유의 경영 방식에 기인한다. 이윤 창출을 최고의 목표로 삼은 서양의 기업 정서에서는 찾아보기 어려운 방식이다. 비록 2000년대 들어오며 많은 부분에서 현실과 타협하고 있지만 여전히 직원을 해고하지 않으려는 일본 기업의 노력

은 본받을 만한 경영 정신이다. 1970년대 미국 기업들은 도요타, 닛산 등 성공한 일본 기업을 연구했고, 그 결과 일본의 혁신 방법론을 미국에 맞게 적용한 '린(LEAN) 프로덕션 시스템' '6시그마' 'ERP(Enterprise Resource Plan, 전사적 자원 관리)' 등 현대 기업 경영의 원형이 되는 시스템을 탄생시켰다.

| **미국** | 1950년대 스탠퍼드와 UC버클리의 졸업생들을 위한 창업 지원 단지로 출발한 실리콘밸리는 어느새 전 세계 젊은이들이 선망하는 꿈의 장소가 되었다. 10억 달러(한화 1조 1,000억 원)의 가치를 인정받은 비상장 스타트업 기업을 '유니콘'(유니콘만큼이나 보기 어렵다는 의미에서)이라고 부르는데, 글로벌 기술 시장 분석 회사인 CB인사이츠의 집계에 의하면 2018년 현재 전 세계 유니콘 스타트업은 모두 258개로, 그중 절반이 넘는 130여 곳이 미국에 있다. 또한 전 세계 15개국 25개 '테크허브'를 분석한 결과 2018년 5월 현재 유니콘을 가장 많이 배출한 테크허브는 미국 실리콘밸리(57개)였다. 실리콘밸리의 유니콘이 만들어 내는 부가가치는 상상을 초월하는 액수다. 이 기업들 가운데 100억 달러(한화 11조 원) 이상의 가치를 인정받은 스타트업을 일컫는 '데카콘'(뿔이 열 개 달린 유니콘을 뜻하며 그만큼 희소하다는 의미)이라는 신조어도 생겼

다. 차량 공유 서비스를 제공하는 우버, 숙박 공유 서비스인 에어비앤비가 대표적인 실리콘밸리의 데카콘이다. 참고로 한국의 유니콘은 단 세 곳뿐이다.

실리콘밸리의 기업들이 잘나가는 데는 몇 가지 이유가 있다. 우선 이곳 기업들이 주로 IT 기술과 소프트웨어 기술 등 시대의 첨단 산업 분야에 속하기 때문이다. 자유로운 창업 환경 속에서 누구든 모여 쉽게 스타트업을 할 수 있으며 그들에게 투자하려는 앤젤 투자자들이 모여든다. 실리콘밸리의 20대 스타터들은 '새로운 제품을 개발하겠다'는 말 대신 '나는 세상을 바꾸고 싶다'고 이야기한다.

미국은 스티브 잡스, 빌 게이츠, 마크 주커버그 등 IT 기술과 관련된 수많은 벤처 창업가를 배출해 낸 사회적 경험을 갖고 있다. 도전과 실패 그리고 재도전의 시스템이 작동되는 사회적 분위기의 힘이 크다. 연구 결과에 따르면 실패한 사람들이 재도전해 성공할 확률이 20퍼센트에 달한다고 한다. 초기 성공률에 비하면 굉장히 높은 가능성이다. 사회가 법으로 재도전을 보장하면 자연스레 두 번째, 세 번째 기회를 성공으로 바꾸는 사람들이 늘어난다. 애플의 스티브 잡스도 개인의 역량만으로 성공한 것이 아니라 실패한 뒤에도 다시 일어설 수 있도록 해 준 사회적 지원 덕에 성공할 수 있었다.

| **에스토니아** | 1991년 소비에트연방에서 독립한 에스토니아의 사례도 눈여겨볼 만하다. 러시아 북서부에 위치한 발칸 3국 중 하나인 에스토니아는 인구 130만 명의 소국임에도 불구하고 '유럽의 실리콘밸리' '포스트 실리콘밸리' '탈린밸리' 등으로 불릴 만큼 북유럽의 IT 강국으로 성장했다. 에스토니아는 소련에서 독립한 뒤 인터넷 접근권을 국민기본권으로 선언하고 모든 초등학교에 개인용 컴퓨터를 보급하면서 코딩 교육을 의무화했다. 지금은 연간 1만 개가 넘는 기업이 창업하는 '창업의 천국'으로 도약했다. 15분이면 회사 하나를 설립할 수 있을 정도로 완벽하게 디지털화한 창업 시스템으로 유명하다. 자국민은 물론 외국인도 창업 지원을 받을 수 있어서 다양한 국적의 기업이 에스토니아에 몰리고 있다.

한국의 현실과 비교해 보면 청년들의 재능과 도전 정신의 차이라기보다는 창업과 재도전을 지원해 줄 사회적 인프라의 차이가 결정적이라는 생각이다. 2016년 스위스 금융 그룹인 UBS가 139개국을 대상으로 4차 산업혁명에 대한 국가별 적응력 순위를

발표했는데, 한국은 25위를 차지했다. 세계 12위인 경제력을 놓고 보면 상당히 낮은 순위다. 세부 항목으로 노동 구조(83위), 기술 수준(23위), 교육 시스템(19위) 세 가지를 평가했다. 국가별 적응력 1위는 스위스였으며 미국은 5위, 일본은 12위를 차지했다.

우리 사회도 창의성과 도전 정신을 높이 평가하는 사회적 문화를 조성하고 실패와 재도전을 할 수 있는 법적 지원을 제도화한다면 실리콘밸리 이상의 성과를 거둘 수 있다. 성공하는 기업은 문화와 제도가 뒷받침되는 국가적 시스템이 길러 낸다고 할 수 있다.

1인 기업 시대의 창업 도전

기업가 정신은 기업인에게만 필요한가? 기업의 CEO뿐만 아니라 모든 사람에게 기업가 정신이 필요한 시대가 되었다. 지금의 대기업, 중견 기업도 처음엔 혼자 또는 몇 명이 모여서 시작한 작은 사업체에 불과했다. 그들도 창업 당시엔 지금의 청년들과 크게 다르지 않은 상황이었을 것이다. 게다가 지금은 1인 기업의 시대라고 할 만큼 적은 기회 비용과 투자 비용으로 창업이 가능하다. 1인 기업이 1인 가구만큼 많아지는 시대가 코앞으로 다가왔다.

누구나 기업을 운영할 수 있고, 실제로 창업하는 시대가 도래했다는 의미다.

지금의 변화무쌍한 사회에서는 취업이 미래를 담보해 주지 않는다. 취업을 하더라도 10년, 20년 동안 한 직장을 다니기 어려우며 상황에 따라 프리랜서나 개인 창업으로 이어질 수밖에 없는 사회 분위기가 확산되고 있다. 심지어 기업 내에서도 프로젝트 형태로 필요한 분야의 전문성을 가진 사람들이 모여 일을 진행하고, 프로젝트가 끝나면 흩어지는 형태의 업무가 많아지고 있다. 취업을 하더라도 그 회사의 규모보다는 내가 갖고자 하는 전문성과 맞는 분야인지, 내가 해 보고 싶은 일을 할 수 있는 곳인지 따져 보고 미래에 대한 비전이 공유되는 곳을 골라야 한다. 혼자 창업하기 어려운 분야라면 유사한 분야의 스타트업을 골라 취업하는 것도 좋은 방법이다. 취업을 통해 창업에 필요한 경험과 인맥을 쌓을 수 있기 때문이다.

나는 한국의 청년들이 '성공한 기업은 사회의 일부이며 기업의 이윤은 사회와 공유해야 한다'는 기업가 정신으로 창업하고 또 성공하기를 간절히 바란다. 청년이야말로 우리 미래를 열어 갈 존재들이며, 그들에게 한국 사회의 미래가 달려 있기 때문이다.

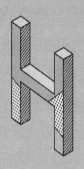

───────

기본 체력 키우기

───────

나를 알면 인생이란
허들을 뛰어넘는 과정도 거뜬하다

"과연 내게 자존감이 있었나.
내 정체성은 어떻게 세워야 할까.
인생의 허들을 뛰어넘으려면 내 현실의
문제를 깨닫고 극복할 수 있어야 한다.
자신을 정립하려면 정직하고 정의로운 마음,
타인을 배려하는 마음으로 무장하는 것이
우선이다."

망설여지는 대학 진학

대학에 가지 않으려는 이유

돌이켜 보면 내 인생은 필연이라기보다 '우연' 속에서 선택지를 택하는 쪽이었다. 11년간 몸담았던 현대제철을 퇴직하기로 결심한 2013년 가을, 성공회대학교 총장님으로부터 현장 경험이 풍부하니 학교로 오는 게 어떻겠냐는 제안을 받았다. 경영학부 부교수 자리였다. 계획보다는 흐르는 인연과 우연에 의해 움직여 온 만큼 이번에도 그 흐름에 맡겨 보기로 했다.

대학 강단에서 학생들과 마주하며 가장 먼저 떠올린 단어는

'피로'였다. 취업 경쟁에 시달리는 학생들의 모습은 그야말로 몹시 피로하고 지친 모습이었다. 1980년대의 '낭만적 캠퍼스'를 경험한 내게는 지금의 대학생과 대학 생활이 낯설게 느껴졌다. 1980년대 대학생들은 경제 발전 지표상 9퍼센트에 가까운 고속 성장을 하던 시기라 대학 졸업 후 직장을 갖는 데 큰 어려움이 없었다. 물론 군부독재에 맞서 싸워야 하는 또 다른 시대적 과제가 있었지만 말이다. 대한민국의 경제성장률은 지속적으로 둔화되어 최근 5~6년은 3퍼센트 정도이며, 2030년에는 0퍼센트에 가까울 거라는 OECD 보고가 있다. 경제 성장이 둔화된다는 것은 그만큼 일자리가 부족해진다는 것을 의미한다. 학생 수를 봐도 확연히 차이가 난다. 1980년대는 대학생이 60만 명 정도였지만 지금은 330만 명에 달한다. 학생 수는 많고 일자리는 적다 보니 취업 경쟁이 격화되는 것은 당연한 일이다.

대기업 경영기획본부장으로 일할 때였다. 채용 시기가 되면 면접관으로 들어가는 경우가 많아서 10여 년 동안 입사를 앞둔 사회초년생을 많이 만났다. 면접에 온 청년들 가운데 자신이 어떤 사람인지, 왜 이 회사에 지원했는지, 인생의 목표가 무엇인지 제대로 말하는 사람이 드물었다. 사실 의아했다. 대기업 면접에서 이런 질문은 예상 가능하고, 제대로 답변하는 게 그렇게 어려운 것도 아닐 텐데.

그 궁금증은 내가 대학 강단에 서고 나서야 풀렸다. 세상은 빠르게 변하고 있는데 학생들은 30년 전과 크게 다를 바 없는 주입식 교육을 받고 있었다. 발표 수업이라고 해도 토론이 아니라 교수가 지켜보는 '보고회' 형식이었다. 대학의 현실이 이러하니 과연 비싼 등록금을 내고 4년이란 시간을 대학에서 보내야 할 것인가, 하는 의문을 떠올리지 않는 게 더 이상할 지경이다. 그래서인지 330만 명이라는 엄청난 대학생 숫자에도 불구하고 자발적으로 대학에 진학하지 않는 청년이 적지 않다. 대학에 대한 꿈을 과감히 접는 이유는 크게 세 가지로 생각해 볼 수 있다.

현실순응형 "내가 대학에 간들 졸업장 외에 얻을 수 있는 게 무엇일까? 차라리 확실히 돈 벌 수 있는 기술 하나에만 집중하겠어."
미래지향형(포부형) "빌 게이츠도 3학년 때 하버드대학을 중퇴했는데, 나 역시 기회비용을 챙기는 게 낫지 않을까? 학문을 파고드는 대신 창업 구상에 시간을 쓰고 싶어."
자포자기형 "무리해서 학자금 대출까지 받으며 대학에 가야 할 이유가 있을까? 혼자서 공부한 뒤 국가시험에 합격하기만 하면 평생 안정적으로 살 수 있을 거야."

모두 맞는 말이다. 하지만 나는 대학이 취업을 위한 관문이자 스펙을 쌓기 위한 곳이 아니라 긴 인생 여정을 위한 준비 기간이라고 생각한다. 강의실에서 얻는 지식 외에도 대학에는 아직 청년들에게 필요한 것들이 존재한다. 한국 대학의 암울한 상황에도 불구하고 나는 대학 진학을 놓고 갈등하는 학생들에게 항상 같은 말을 한다. "당신도 인생에 한번 대학 시절을 경험했으면 좋겠고, 정말 필요한 시간이다."

한국 대학, 도무지 나아지지 않는 현실

우리는 질문이 사라진 시대에 살고 있다. 나는 강단에서 만난 제자들뿐만 아니라 지금의 20대 대학생들에게 말한다. 어느 한 편이나 진영에 서지 말고 한 사람 한 사람 자신만의 모습을 만들어 가는 시간으로 대학 생활을 하라고. 중고등학교 때 생각한 나의 꿈과 나에 대해, 취업과 경쟁 속에서 잃어버린 나 자신과의 대화를 시작하라고 말이다. 스스로 말하는 법을 잊어버리면 생각하는 법 또한 잊어버리게 된다.

우리 사회는 이미 대학 졸업장이 운전면허증만큼이나 흔해졌다. 베이비붐 세대의 높은 학구열과 국가 정책이 많은 대학을 양산했고, 고등학교를 졸업하면 대부분 대학에 진학한다. 문제는 다음부터다. 대학은 늘어났지만 출산율이 낮아지며 대학 정원을 채울 수 없는 역설적인 상황이 된 것이다.

지금 한국의 대학은 대학이 생긴 이래 가장 큰 위기에 직면해 있다. 대학의 본래 역할인 '삶의 가치를 지향하는 전인적 인간 교육'에 실패했으며, 사회가 요구하는 직업군에서 경쟁력을 갖춘 인재를 키우는 데도 실패했다. 끈끈한 우정이나 열정적인 소통이 사라진 대학. 오직 취업으로 귀결되는 현실은 대학의 미래를 더욱 암울하게 만들 뿐이다.

그렇다면 무엇이 문제이며 해결책은 무엇인가?

우선 대학이 급변하는 현실과 너무 괴리된 채 존재해 왔다는 것이 가장 큰 문제점이다. 불과 10년 전까지만 해도 대학의 현실이 이렇게까지 암담하지는 않았다. 그러나 사회는 하루가 다르게 변화했고 대학은 10년 전과 달라진 게 거의 없다. 아무것도 하지 않은 것이야말로 대학의 실패를 불러온 근본적인 원인이다. 대학은 가치의 교육도, 직업을 위한 교육도 실패했다. 망설일 시간이 없다. 이제 대학 교육 혁신을 위한 다양한 실험을 대학 안과 밖에서 과감하게 실행해야 한다.

둘째, 대학이 양적으로 지나치게 비대해졌다는 것 역시 심각한 문제다. 1993년 출범한 김영삼 정부는 대학의 자율성 확대와 대학 간 경쟁 유도를 위해 4년제 대학을 40개나 허가해 주었다. 교육 통계 서비스 자료에 의하면 2017년 현재 일반 대학 189개, 교육대학 10개, 전문대학 138개이며 전문대학교 이상 고등 교육 기관에 재학 중인 학생은 344만 명에 이른다. 국민 15명 중 1명이 대학생 또는 대학원생인 셈이다. 1990년 4년제 대학이 125개였다는 사실만 봐도 폭발적인 증가다. 1993년 대학 설립 규제 완화와 대학 간의 과도한 외형 경쟁은 저축은행 사태와 비슷하다는 평가를 본 적이 있다. 게다가 2023년이 되면 4년제 입학 정원인 44만 명보다 전국 고교 졸업생 수가 적어질 전망이다. 현실을 반영하고 앞서 가기 위한 대학의 구조 개혁을 추진하려는 절박한 노력이 필요한 이유다.

또한 대학과 대학원의 역할이 불분명하다는 점도 개선이 필요하다. 의학과, 법학과, 경영학과 같은 전공은 대학원으로 보내서 대학이 기초 학문을 쌓을 수 있는 기반을 만들어야 한다.

대학이 정체성을 상실한 채 양적 팽창에 빠진 모습을 보면 안타까움을 넘어 안쓰러울 지경이다. 이를 대학만의 잘못이라고 하기엔 정부의 개입 정도가 너무 크다. 지금 대학의 모습은 정부의 작품이라고 해도 과언이 아니다. 대학의 자율성 확대와 대학 간 경쟁 유도를 내세워 과도한 대학 설립을 유도하더니, 이번엔 곧 닥칠 학령 인구 감소에 대비하여 객관적 근거가 취약한 평가 항목으로 정원 감축을 강제하고 있다. 이는 오랫동안 정부의 정책 실패를 교묘하게 은폐한 결과다. 실패한 정책으로 인한 악순환이 지속되는 게 현실이다. 결국 문을 닫아야 하는 대학이 나타나자 정부는 서둘러 대학 정원을 감축하고 나섰다.

시민 사회에서 대학이 무엇을 왜 가르치는지, 어떻게 나아가야 하는지 대안과 방법을 둘러싼 논의가 끊임없이 이어져 왔지만, 정부는 여전히 눈에 보이는 대학의 '숫자'를 조정하는 데 집중하는 모양새다. 대학의 정원 감축과 구조 조정이 단기간 효과를 낼지 모르겠지만 결국은 양날의 검이라고 생각한다.

수도권 대학과 지방 대학을 구분 없이 평가한 이전 정부의 '대학 구조 개혁 평가'에서는 상대적으로 불리한 지방 대학의 형평성 문제가 제기되었다. 지방 대학의 공동화는 지역 사회의 경제와 문화에 큰 영향을 끼치는 사회 문제가 된다.

2018년에는 이러한 문제점을 일부 보완해 권역별 평가를 하는 '대학 기본 역량 진단'을 실시했으며 결과에 따라 2019년부터 하위 40퍼센트에 해당하는 대학들은 정원 감축, 재정 지원 여부 등을 차등적으로 적용받는다.

사실 대학 문제를 깊이 들여다보면 정부에서 양산한 것이라 해도 과언이 아니다. 지금부터라도 정부의 정책이 잘못된 부분에 대해 철저히 반성하고 대학을 끌어안으며 문제를 최소화하는 방법을 적극적으로 고민해야 한다.

혼히 대학을 진리의 상아탑이라고 한다. 맞는 말이다. 그런데 대학이 진로 문제를 등한시한다면 이것 또한 큰 문제라고 생각한다. 어떻게 살 것인가를 둘러싼 가치 교육이 대학 교육의 전부는 아니다. 마지막 교육 가치의 문제와 함께 '원하는 곳에서 원하는 일을 할 수 있는 '역량'을 키우는 현실의 문제를 함께 고민해야 한다. 원하는 직장에 갈 수 없으면, 원하는 일을 할 수 없으면 원하는 가치관을 가지고 살 수 없기 때문이다. 대학이 현실을 고민하는 것은 더 이상 세속의 문제가 아니다. 가치와 현실은 대학이 품고 가야 하는 양 날개인 셈이다.

혁신에 성공한 일본 대학들

대학에 재직할 당시 일본 가나자와공업대학(이하 가나자와공대)에 대한 신문 기사를 접하고 머릿속에 번쩍 하는 느낌이 들었다. 당장 1박2일 일정을 잡아 가나자와공대를 찾았고 학교 관계자와 인터뷰를 진행했다. 다시 학교로 돌아와 성공회대학교의 새로운 100년 비전을 위한 혁신 방안을 담은 제안서를 작성했다. 가나자와공대의 사례는 성공회대학교는 물론 한국의 지방 소재 대학에 시사하는 바가 크다.

가나자와공대는 1965년에 개교한 4년제 대학이다. 가나자와는 도쿄, 오사카 등의 대도시와 기차로 서너 시간 거리인 이시카와 현에 속하며 주변에 특별한 공업 시설이 없는 인구 46만의 작은 도시다. 가나자와공대를 직접 둘러보고 다시 한번 느낀 것은 '일본은 지방 대학도 이렇게 할 수 있는데…'라는 놀라움이었다.

현재 한국의 대학들이 겪고 있는 위기를 일본도 이미 경험했다. 학령 인구가 줄고 모든 학생이 들어갈 수 있을 만큼 대학이 늘어나면서 20여 년 전부터 지방 대학의 위기가 시작되었다. '수도권과 멀리 떨어진 지방 소도시의 공대'인 가나자와공대도 학령 인구가 줄어들면서 존폐의 위기에 놓였다. 혁신의 필요성을 느낀 학교는 1995년부터 강도 높은 개혁을 시작했으며, 이후 7년 연속 '가장 잘 가르치는 대학'에 선정되었다. 2018년 발표에서는 도쿄대학과 공동 3위를 차지했다.

가나자와공대는 학생 수 7,000여 명, 전공은 14개 과에 불과한 작은 대학임에도 불구하고 취업률 98.8퍼센트를 자랑하는 최고

수준의 강소 대학으로 자리매김했다. 졸업생의 4분의 1이 상장기업에 취업한다. 이 학교는 소위 '전문가를 양성하는 대학'은 아니다. 대학원 교육을 포기하고 현실 요구를 수용하여 대학 교육에 집중했기 때문이다(대학 입장에서 결코 쉽지 않은 선택이었을 것이다).

한국의 대학과 닮은 점이 많은 가나자와공대는 1980년대까지만 해도 별다른 존재감이 없는 평범한 대학이었다. 1991년 대학 자유화 조치로 경쟁이 더욱 치열해지자 점차 감소하는 학령 인구와 지방 대학 지원 감소 문제에 대응하기 위해 3년간 미국의 스탠포드와 MIT 등을 벤치마킹했다. 200여 차례의 논의를 거친 뒤 1995년부터 총체적인 대학 혁신에 나섰다. 이른바 '기업에 발맞추는 시스템의 도입'이었다. 인간 형성, 기술 혁신, 산학 협동의 기치 아래 학부 중심의 대학을 만들면서 연구자보다는 기업이 요구하는 전문가를 양성하겠다는 분명한 목표를 세운 것이다.

그 과정과 결과는 어떤 것일까. 우선 교수들은 시간 단위별 강의 계획서를 작성해 이를 철저히 준수했다. 1학점 배정을 기본으로 수업에 따른 예습, 복습을 위하여 총 45시간을 의무화하고, 박사 학위 소지자 우선 원칙을 과감하게 전환했다. 즉 전체 전임 교수 중 산업체 근무 경력이 있는 분야 최고의 전문가들을 초빙하면서 박사 학위 소지자와 산업체 경험자를 50 대 50의 비율로

구성했다. 학생 선발 경쟁보다는 '가르치기 경쟁'에 승부를 건 것이다.

가나자와공대의 신입생은 대부분 중위권 성적 학생이었다. 그런 만큼 상대적으로 취약한 기초 과목 프로그램을 강화하기 위해 수리공교육(數理工敎育) 연구센터를 운영하면서 교수와 학생 간 1 대 1 학습 지도 중심의 교육 방식을 다졌다. 방과 후에는 '유메코보(夢考房, 꿈의 방)'를 운영하며 수업 시간에 배운 이론을 구체적으로 실습하는 기회를 제공했다(유메코보 교육은 교수진이 아닌 산업체 기술자를 초빙해 현장 교육 중심으로 진행하는 시스템이다). 이렇게 시작한 교수와 학생들의 야심찬 반란이자 개혁은 20여 년의 시간을 거치면서 실로 엄청난 성과를 거뒀다. 아사히신문 대학 평가에서 도쿄대학, 교토대학 등 최고의 명문 대학들을 물리치고 7년 연속으로 '일본 내 가장 잘 가르치는 대학' 1위를 차지한 것이다.

지금은 지역 출신 신입생이 25퍼센트이고 나머지 75퍼센트는 전국에서 지원한 학생들이다. 당시 인터뷰에 응해 준 기획부 실장은 또 다른 경쟁력에 대해서도 피력했다. 이 대학의 힘은 '강의실에서 키워진다'는 것이다. 총 90분의 수업 중 교수 강의가 45분이고 나머지 45분은 강의 내용을 이해하기 위한 토론과 질의 시간으로 철저히 나눠서 진행한다. 최근에는 학생들의 창의성을 고취하기 위해 인문학 교육도 강화했다. 조직원 간의 신뢰를 바탕으로 한 이 교육의 장은 총장의 헌신적인 리더십과 함께 대학의 미래 경쟁력을 위해 기득권을 포기한 교직원들의 희생이 만든 결과물일 터다.

일본 아키타국제교양대학의 사례도 독보적이다. 아키타국제교양대학은 2004년 미국의 리버럴아츠칼리지(Liberal Arts College)를 벤치마킹해 설립했으며 인문학, 사회과학, 어학 등 교양 과목에 중점을 둔 독특한 대학이다. 대학이 자리 잡고 있는 아키타현 아키타시는 인구 32만 명 정도의 지방 소도시로, 한국의 진주시(35만 명), 원주시(34만 명), 아산시(31만 명) 인구와 비슷한 규모다. 지방 소도시의 대학임에도 불구하고 놀라운 성과를 내고 있어 '기적의 대학'이라고 불린다. 설립한 지 15년에 불과한 이 학교가 주목을 받는 이유는 최근 3~4년간 도쿄대학, 와세다대학 등 일본의 명문 대학들을 제치고 '기업 선호도 1위'를 계속 차지하기 때문이다. 일본의 장기적인 취업 불황에도 불구하고 100퍼센트에 달하는 취업률을 기록하고 있다.

아키타국제교양대학의 커리큘럼은 전공 과목 없이 교양 과목으로 구성되며 외국어 수업을 제외한 모든 수업을 영어로 진행한다. 1년간의 의무 기숙사 생활, 1년간의 의무 해외 유학 과정이 포함되어 있으며 현재 전 세계 185개 기관과 협력 관계를 맺고 있다. 대학의 운영은 '학생 중심'이라는 명확한 기치 아래 학생들의 적극적인 참여로 이루어진다. 교수 채용 면접을 위한 모의 강의 때도 학생들이 참여하는 정도다. 특히 1년 365일 24시간 개방하는 대학 도서관으로도 유명하다. '단 한 명의 학생을 위해서라도' 도서관의 불을 끄지 않겠다는 대학의 의지가 놀라울 정도다.

이런 성과를 낸 혁신의 원동력을 살펴보면 첫째, 총장이 이사장을 겸임하는 강력한 리더십이다. 둘째, 대학의 경영은 '경영 회의'에서, 학교의 교육 방침에 관한 것은 '교무 회의'에서 결정하도록 하는 등 의사 결정 구조를 단순화, 명확화한 것이다. 교육 혁신을 최우선에 두고 이를 일사분란하게 추진하기 위한 것으로 그 효과는 이미 대학이 낸 성과로 증명되고 있다.

가나자와공대와 아키타국제교양대학의 성공적인 개혁을 보며 혁신적인 시스템 구축과 함께 조직 내 위기에 대한 공감과 절실한 연대감이 최우선 과제라는 생각이 들었다. 대학 조직에서 생활하는 관계자(운영진과 교수, 학생, 직원) 모두가 하나의 목표를 세우고, 함께 강소 대학의 롤모델을 꿈꾸는 모습. 이를 통해 더욱 긍정적인 현재를 만들어 가고 있다는 점에서 존경심이 생길 정도다. 한국의 대학도 향후 100년을 위한 새로운 준비가 절실한 때다. 대학 자체의 이해관계를 벗어나 오직 학생들의 미래만을 생각하는 현실적인 리더십이 필요하다.

그래도 대학에 가야 한다

앞서 지적한 것처럼 한국의 대학은 진학을 망설일 만큼 모순이 겹겹이 쌓인 곳이다. 전통적인 의미에서 대학은 지식에 대한 인간 욕구를 본격적으로 탐구하기 위한 학문의 장이다. 동시에 사회에 기여할 수 있는 전문 지식과 지성을 갖춘 인재를 길러 내는 곳이기도 하다. 대학을 취업이나 진로와 상관없이 오직 지식에 대한 욕구만으로 대학에 들어가고 싶어 하는 학생들이 얼마나 존재할까? 대학 졸업장이라도 있어야 취업과 진로 선택에서 불이익을 당하지 않을 거라는 생각, 남들이 다 진학하니까 나도 가야겠다는 생각으로 입학하는 경우가 더 많지 않을까? 그런데 막상 대학에 들어가면 그동안 미뤄 둔 고민이 시작된다. 과연 선택한 전공이 내게 맞는 건지, 그것부터 고민하는 친구가 많다. 게다가 막상 졸업장이 있어도 취업과 진로는 여전히 불투명해서 학업보다 스펙 쌓기에 전념하는 경우가 부지기수다.

그럼에도 불구하고 대학에 가야 하는 이유는 대학이 같은 세대의 문제점을 가장 잘 볼 수 있는 공간일 뿐만 아니라 나와 같은 상황에 직면한 동기들을 만날 수 있는 장이기 때문이다. 동기와 선후배는 시대의 모순을 이해하고 해결해 나가는 중요한 파트너이며 오랫동안 함께 할 인생의 동반자다. 입학하면서부터 취업을 고민해야 하는 게 현실이지만, 그래도 나를 돌아보고 현재를 이해하며 앞으로 어떻게 살아갈 것인지 성찰하는 시간을 가질 수도 있다.

최근에는 대학 4년을 다니는 중간에 어학 연수나 인턴, 여행, 자원 봉사 등 나름의 목적으로 1년 정도 휴학하는 것이 일반적이다. 즉 5~6년의 유예 기간이 생기는 셈이며, 이 시간을 잘 활용하여 미래를 설계하고 준비한다면 인생 전체에서 매우 가치 있는 시간이 될 것이다. 아르바이트하며 공부하느라 많은 시간을 내지 못한다 해도 긴 삶에서 대학 시절은 인생 최대의 여유 시간이다. 그래서 나는 꼭 지금 당장이 아니더라도 아직 청년일 때 대학에 진학하기를 권한다.

대학에 꼭 가길 권하는 이유를 세 가지로 정리해 보았다.

첫째, 대학은 시대의 모순이 관통하고 있는 현장이다. 미래사회로 가는 변화의 중심축이 될 것이다. 4차 산업혁명으로 불리는 초연결 디지털 사회가 코앞에 닥치자 가장 당황하는 곳 중 하나가 바로 대학이다. 이미 현실화되기 시작한 미래 사회를 대비하지 못했기 때문이다. 초연결 사회의 핵심은 융복합이다. 단순히 몇 개 과를 통합해서 수강 과목을 늘리는 것으로 끝낼 게 아니라 융복합을 목적으로 개별 학과를 통합해야 한다. 그것이 진정한 의미의 혁신이다. 혁신은 나 외의 구성원을 대상으로 상대화하는 것이 아니라 나를 포함해서 이루어져야 한다. 많은 현장에서 교육 개혁의 필요성을 느끼고 시도해 보지만 성과는 미미할 뿐이다. 가치를 중심에 둘 것인지, 성과(취업)를 중심에 둘 것인지 다양한 의견이 있지만, 기득권 보호를 둘러싼 저항부터 만만치 않다. 시대의 변화에 맞는 대학으로 거듭나지 않으면 생존이 불투명해질 것이다.

둘째, 대학에서 인생의 위기와 고민을 함께 나눌 동기, 선후배를 만날 수 있다. 현재 대학은 큰 도전을 받고 있다. 초연결 디지털 사회에서 필요한 산업 인재를 키우는 동시에 인문학적 소양을 갖춘 인재를 길러 내는 두 마리 토끼를 잡아야 한다. 대학의 모순을 해결하려면 교수가 아니라 학생이 중심이 된 혁신 시스템을 정착시켜야 한다. 이미 교수도, 교재도 없는 대학이 출현했으며 앞으로 더욱 확산되어 갈 것이다. 학생 빼고 모든 걸 바꿔야 한다. 지금은 산업혁명 이후 산업 사회에서 초연결 디지털 사회로 가는 혁명적 상황이다. 우리의 상상을 초월하는 미증유의 사태가 일어나고 있다. 대학에서 만난 동기와 선후배는 동시대의 큰 변화를 함께 겪는 소중한 동반자가 될 것이다.

셋째, 나를 돌아보고 어떻게 살 것인지 고민하며 미래를 설계하는 소중한 시간을 가질 수 있다. 대학 시절은 인생에서 가장 의미 깊은 방학이 될 수도 있고, 창업을 위한 인큐베이팅 시기가 될 수도 있다. 대학 생활이 자신의 인생에 어떤 영향을 줄 것인지는 대학이 결정하는 것이 아니라 학생 자신의 몫이다.

매 학기 첫 강의, '24'에 담은 메시지와 미래 교육

나는 매 학기 첫 강의 시간이면 아무 말도 하지 않은 채 화면에 '24'란 숫자를 띄웠다. 갸우뚱하던 학생들이 숫자의 의미를 묻기 시작한다. 답은 '대한민국 대기업 총수들이 창업한 평균 나이'다. 답을 들은 학생들의 눈빛과 표정이 사뭇 달라지곤 했다. 중요한 것은 24라는 숫자의 의미가 '물질적 성공'을 의미하는 것이 아니라 목표를 갖고 실행에 옮기는 '용감한 시작'이라는 점이다.

24. 요즘 많은 수의 청년이 이 나이를 대학생 신분으로 맞이한

다. 아직 본격적인 사회생활을 시작하지 않은 20대의 대학 시절이야말로 인생에서 거의 유일하게 허락된 자유의 시간이라고 할 수 있다. 취업과 진로 때문에 불안하기도 하지만 한편으로는 어떻게 살아야 할지, 나는 누구인지 고민해 볼 수 있는 여유가 있는 시기다. 사람마다 처한 환경이 다르겠지만 적어도 현실과 싸우며 결혼과 육아 등을 겪어야 하는 30대 이후의 삶과 비교해 보면 더욱 그렇다. 24라는 숫자는 창업하여 성공을 거둔 기업 총수들뿐만 아니라 목표를 세우고 세상에 도전하는 모든 20대 청년을 의미한다.

전 세계적으로 미래 교육에 대한 실험이 진행되고 있다. 그 대표적인 예로 프랑스의 창업 사관학교라 불리는 에콜42(Ecol 42)를 꼽을 수 있다. 프랑스 통신업체 프리(Free)의 창업자인 자비에 니엘(Xavier Niel)이 2013년 설립한 에콜42는 교수, 교재, 수업료가 없는 혁신적인 IT 기술 교육 기관으로, 매년 국적 불문 18~30세의 청년 1,000여 명을 선발한다(경쟁률은 50 대 1 이상이다). 에콜42 출신의 인재를 채용하려는 굴지의 기업이 줄을 섰으니 취업률은 100퍼센트에 가깝다. 에콜42에서는 교수와 교재를 통해 배우는 것이 아니라 인터넷과 동료로부터 중요한 지식을 얻으며 팀을 이루어 경쟁하고 스스로 성장한다.

미국 메사추세츠주 보스턴에 있는 올린공대(Franklin W. Olin College of Engineering)도 공학 교육의 패러다임을 획기적으로 전환한 혁신 교육으로 유명하다. 1997년 설립된 신생의 소규모 대학인데 프로젝트 기반 학습으로 학생 스스로 배울 수 있도록 했다. 학생들은 졸업할 때까지 팀을 이루어 10여 개의 프로젝트를 진행하며 교수는 학생들의 문제 해결을 돕는 조력자 역할을 한다. 전통적인 의미의 교과 과정이 없고 교수는 가르치지 않는다. 4년 8학기 중 강의의 비중은 20퍼센트에 불과하다.

최근 우리 정부에서도 에콜42를 벤치마킹하여 혁신 교육 프로그램을 준비하겠다고 발표했다. 새로운 교육 기관과 프로그램도 좋지만, 내 생각에는 기존의 대학이야말로 혁신적인 변화가 필요한 곳이다. 현재의 대학에 많은 문제가 존재한다는 것은 주지의 사실이다. 정부와 대학 당국의 책임이 큰 것도 사실이다. 그러나 변화의 가장 적극적인 주체는 학생이 될 수밖에 없다는 것이 내 생각이다. 기득권을 지키려고 안간힘 쓰는 대학이 스스로 변화하기를 기다리는 것은 빗방울이 바위 뚫기를 기다리는 것만큼이나 어렵고 요원한 일이다. 학생들이야말로 변화를 주도적으로 이끌어 가야 할 절박한 이유와 동력을 갖고 있다. 기다리지 말고 원하는 교육과 환경을 요구하고 만들어 가야 한다.

대학 재직 당시 해마다 신입생을 위한 인문학 특강이 있었다. 한 학기 동안 각 과의 선생님들이 매주 두 시간 반씩 강의하는 2학점 수업이었다. 첫 강의는 신영복 선생님이, 이후에는 각 과별 교수가 돌아가면서 수업을 진행했는데 나는 경영학부를 대표해서 강의를 맡았다. 경영학부 교수라면 학생들에게 어떻게 하면 스펙을 잘 쌓고, 취업과 면접을 제대로 준비할 수 있는지 알려 줘야 하지 않을까? 하지만 고민 끝에 청춘에게 스펙보다 훨씬 중요한 건 자존감과 자신감이며, 이것을 찾을 수 있도록 돕는 것이 필요하다는 결론에 이르렀다. '강의실을 점령하라!' 내 특강 제목이었다. 배움의 주체는 교수가 아니라 학생이며, 학생 자신이 강의를 이끌어 나가야 한다는 의미였다.

'강의실을 점령하라!'는 슬로건이 촌스러운 구호로 들릴 수도 있다. 그러나 말 그대로 학생들이 교수로부터 강의실을 되찾아 진정한 배움과 토론의 장으로 만들어야 대학과 청년의 긍정적인 미래가 존재할 수 있다. 대학 생활의 중심이 되는 강의실에서부터 주입식 교육 대신 자유롭게 생각을 나누는 토론을 습관화해야 한다.

나는 해마다 1학년 신입생들에게 "강의실에서부터 평등 구조를 만들어 내지 못하면 4년 뒤에 아무것도 얻을 게 없다"라고 강조하곤 했다. 대학 생활의 출발은 강의실을 수평 관계로 만드는 것이다. 1학년 때부터 자기 자신을 구체적으로 설명하기 위해, 전공 과목에서 무엇을 알고 모르는지 정확히 파악하기 위해 반드시 학생들의 토론 문화가 자리 잡아야 한다. 대학 생활 4년 동안 강의실에서 질문하고 또 질문하며 문제 의식을 확산해 나가야 한다. 강의실을 수평 구조로 혁신하면 개인의 성장, 관계의 중요성, 민주주의의 근본 의미 등을 다양하게 경험할 수 있다.

지금의 대학 교육은 19세기 독일 바이마르공화국의 교육 정책에 뿌리를 두고 있으며 산업혁명 이후에 필요한 20세기형 인재를 길러 내는 역할을 했다. 따라서 이러한 교육 시스템으로는 디지털 혁명에 대비할 수 없다. 지난 수백 년 동안 인류가 축적한 지식의 양이 두 배가 되는 데 걸린 시간은 100~150년이었다. 그런데 지금은 매일 두 배의 정보가 업데이트되고 있다. 데이터는 이제 자본이며 권력이다. 현재 시가 총액 기준 세계 5대 기업은 애플, 구글, 마이크로소프트, 아마존, 페이스북으로 전부 미국의 IT 기업이다.

경영학의 구루인 피터 드러커는 20여 년 전 '2020년이 되면 지금과 같은 대학 캠퍼스는 사라질 것'이라고 예견했다. 전통적 의미의 대학 교육이 빠르게 해체되고 새로운 형태의 교육이 등장할 거라는 예측이었다. 실제로는 대학이 사라지는 대신 변화에서 살아남기 위해 엄청난 혁신과 변혁의 과정을 추진하고 있다. 무엇을 교육해야 할지조차 불투명한 시대라 빠른 속도로 변하는 정보 그 자체를 가르치는 대신 변화에 대응할 체력과 근력을 키우는 것이 교육 목표다. 10년 뒤 각광받을 직업을 예측하기는 어렵지만 방향성은 명확하다. 소프트웨어와 IT 기술에 기반한 사회로 진화할 것이라는 점이다. 프로그래머 수요는 폭발적으로 증가하고 있으나 충분히 교육받은 IT 인력은 부족한 것이 현실이다.

프로그래밍은 이제 단순한 기술이 아니라 모든 콘텐츠와 아이디어를 구현하는 필수 요소다. '코딩은 기술이 아니라 예술이다'라는 말이 결코 과장이 아니다. 어떤 전문성을 갖추든 코딩 능력은 꼭 필요하다. 코딩을 통해 자신이 가진 모든 콘텐츠와 전문성을 구현해 낼 수 있어야 한다. 앞서 예로 든 에콜42, 올린공대 등은 혁신적인 교육 시스템으로 성공적인 결과를 거두고 있으며 전 세계 국가와 대학에서 앞 다퉈 벤치마킹하고 있다. 그러나 우리 사회와 대학이 청년과 미래를 위한 기반을 마련하는 데는 앞으로 상당한 노력과 시간이 소요될 것으로 보인다. 대학은 대학대로 기득권을 가진 교수와 교직원들의 저항이 만만치 않다. 사회 기반 시스템을 만들어야 할 정치권 역시 빠른 변화를 기대하기 어려운 곳이다. 안타깝지만 지금의 현실은 청년 개인개인이 미래를 준비할 수밖에 없다.

나는 청년들이 본인의 전공과 상관없이 코딩 교육을 꼭 받아야 한다고 생각한다. 교과 과정 내에 존재하지 않는다면 스스로 방법을 찾아야 한다. 소모임, 동아리, 전문 교육 기관 등에서 필요한 교육을 받고 팀을 이뤄 실제 코딩 작업을 해 보는 것이 필요하다. 가능하면 다양한 전공을 가진 사람들과 모여 새로운 아이디어와 기술을 창출해 보는 것이 좋다. 특히 인문학이야말로 IT 기술에 굉장한 상상력을 불어넣는 요소다. 또한 영어는 글로벌 협업에 필요할 뿐만 아니라 코딩에 사용되는 언어다. 따라서 영어학습도 필수적이다. 중국 시장의 잠재력과 폭발력을 생각하면 중국어 학습도 필요하다.

결론적으로 대학과 사회는 청년들의 미래를 보장해 주지 못하고 있다. 개인이 학습과 훈련을 통해 어떤 전문성을 갖추느냐에 따라 미래에 대한 적응력이 달라질 것이다. 스스로 일자리를 만드는 시대에 걸맞은 학습과 준비가 필요하다. 이제 자신을 소개할 때 이력서와 스펙이 아니라 주제를 구현해 낸 결과물을 제시하는 시대가 열릴 것이다. 대학에서 받는 전공 교육과 더불어 코딩 능력과 영어·중국어를 학습하고, 이를 다른 청년들과 협업하여 실험해 보는 도전이야말로 이 시기에 반드시 경험해야 할 허들이다.

글로벌 시대, 지역 사회에서 찾은 답

내가 재직했던 성공회대학교는 경계를 상징하는 '담벼락'이 없다. 지역과 소통하기 위해서다. 예전 대학 시절에 지역과의 소통을 위해 했던 활동으로는 '농촌활동'을 꼽을 수 있다. 나 역시 농활에 참여한 기억이 있다. 처음에는 단순히 농사일을 도우러 간다는 생각이었으나 막상 가서는 농촌의 건강함을 배워 온 기억이 생생하다. 지금의 지역 활동과는 좀 다르지만 나는 대학의 위기를 풀어내는 방법으로 '지역'에 주목한다. 지역과 함께 성장하는 것이 대학의 목표가 되어야 하는데, 이는 세계적인 대학이 되기 위한 굳건한 토대가 될 것이다.

성공회대학교는 서울시 구로구에 있다. 구로구는 서울시 안에서 다문화 가정이 가장 많은 자치구 중 하나다. 나는 대학발전실장으로 일하면서 이런 지역 문제들을 함께 풀어내기 위한 프로젝트를 시도했다.

가장 먼저 서울시가 진행하는 각 지역별 청소년 마을 지도 만들기 프로젝트에 우리 대학도 참여했다. 지역민을 포함해 과거 구로공단에서 활동하신 분들과 대학의 선생님, 학생들이 함께 참여하는 작업이었다.

두 번째는 2016년 2학기부터 시행된 자유학기제 부분에 대한 관심이다. 당시의 중학교들은 자유학기 전면 실시라는 명제만 있지, 그 대책은 마련하지 못한 상황이었다. 이를 대학에서 적극 수용하기 위해 여덟 개 중학교와 MOU(Memorandum of Understanding, 양해각서)를 체결했다. 대학이 지역의 다문화 교육, 직업 체험, 뮤지컬, 협동조합 관련 교육 등을 제공함으로써 아이들이 다양한 경험을 통해 자신감을 갖고 미래 직업을 선택하도록 돕는 것이 목적이었다.

이런 시도는 작은 노력에 불과했지만 실제로 지역에 발을 들여놓으니 지역과 지역민이 대학에 기대하는 게 상당하다는 걸 느낄 수 있었다. 시간이 지날수록 오히려 지역의 요구를 대학이 어떻게 수용해야 할지 고민하게 된 것이다. 일례로 서울시 구로구 인근에 있는 천왕동은 주민들의 정주 기간이 긴 만큼 주부들의 활동이 왕성했다. 학기 중 비어 있는 시간과 공간을 활용하여 천왕동 주부들을 대상으로 한 인문학 교육 프로그램을 진행하자는 계획을 수립하기도 했다.

대학이 지역에 집중하는 것은 대학의 생존과 발전에 매우 중요한 과제다. 지역 내 학교 동문이 많이 배출되고, 지역의 우수한 학생들이 학교로 돌아오고, 지역에서 학교를 후원하는 모임이 만들어지는 자생적 성장과 발전이야말로 대학이 성장하는 근원적 방법이라고 생각한다. 대학이 '세계' 대신 '지역'을 향해야 한다는 발상의 전환으로 시작한 성공회대학교의 실험은 지역과 대학의 울타리를 넘나드는 상생이 어떤 가치를 불러오는가를 보여 준다.

흔들리는 나, 불안정한 정체성

자존감과 정체성

현재를 사는 청년들의 삶은 1980~1990년대에 청년기를 보낸 기성세대와 근본적인 차이가 있다. 현 시대를 사는 청년들은 4차 산업혁명으로 사회가 급변하면서 '판이 바뀌는' 불안정한 시대를 살고 있다. 변화가 크고 깊으면 미래를 준비하는 청년의 삶 역시 고달프고 불안하기 마련이다. 170만 원 안팎의 월급을 받는 비정규직에 몰린 200 대 1의 지원자들. 소위 '지옥고'(지하, 옥탑, 고시원)에서 살아야 하는 청년들의 현실은 당장의 해법이 보이지 않는다. 그러나 변화가 큰 시대일수록 중심축인 내가 흔들림 없이 단단해야 한다.

자존감과 정체성 모두 삶을 지탱하고 계획해 나가는 근원임은 분명하다. 다만 이 두 가지를 같은 의미로 받아들이고, 단순히 '나는 나다'라는 명제 아래 사회 현상을 자기 식으로 수용한다면 문제가 생긴다. 최근 자존감이 떨어진 청년들을 위로하는 책이 많이 출간되었다. 여기서 말하는 자존감이란 스스로를 바라보는 시선과 그로 인한 감정과 행동이 어우러져 자신이 존재하는 당위성을 깨닫는 과정이며, 유년기와 청소년기를 거쳐 형성된다.

정체성의 사전식 의미는 '변하지 않는 존재의 본질을 깨닫는 성질 또는 그 성질을 가진 독립적 존재'다. 정체성 안에 자존감이 존재할 수도, 그렇지 않을 수도 있다는 의미다. 즉 자존감이 개인의 문제라면, 정체성은 개인을 넘어 사회 또는 관계의 문제일 수 있다.

포기하고 싶은 마음, 항상 뒤처진다는 기분이 일상을 지배하는 건 자존감의 문제다. 자존감이 중요한 이유는 이성과 감정, 행동에 영향을 미쳐 자신감, 자기애, 삶의 만족도와 직결되기 때문이다. 자존감은 삶의 기준이 되고 근간이 되는, 자신을 직시하고 인정하는 마음이다. 자존감은 앞으로 다가올 시련에 맞서며 당당하고 꿋꿋하게 살아가도록 흔들리지 않는 저력을 발휘하는 힘이 되어 준다.

한편 자존감을 가지고 찾아낸 나의 참모습이 '정체성'이다. 청소년기까지 형성된 정체성은 그 사람의 가치관을 이루는 밑바탕이 되며 성인 이후의 삶을 좌우한다. 정체성에는 비단 개인의 경험뿐만 아니라 자신이 속한 집단의 경험과 가치관을 반영하여 내적 연대를 유지하는 것도 포함된다. 여성으로서의 정체성, 한국인으로서의 정체성 등 사회적 정체성이 개인의 정체성과 중첩되며 '다른 사람과 구분되는 나'를 형성한다. 올바른 정체성을 갖기 위해서는 어머니 탯줄처럼 이어진 '내가 살아가는 세상'을 제대로 알고 있어야 한다. 역사 인식과 사회에 대한 관심 없이는 균형 잡힌 정체성을 갖기 어렵다.

자존감을 갖고 정체성을 찾아가는 과정에서 만나게 되는 것이 자신감과 자만심이다. 자신감은 자신에 대한 굳건한 믿음으로 정체성을 찾아가는 데 꼭 필요하지만, 자만심은 자신을 지나치게 사랑한 나머지 상황을 객관적으로 인지하지 못하게 만든다. 자만심에 빠지지 않으려면 끊임없이 자신을 되돌아보며 객관화하는 노력이 필요하다.

자존감을 바로 세우면 세상을 보는 기준이 생기고, 사회에서 일어나는 다양한 사건을 정확하게 판단할 수 있다. 우리는 지금 사상 초유의 격변기에 살고 있다. 세월호 참사, 촛불혁명, 민주 절차를 통해 선출된 두 명의 대통령이 저지른 부정부패에 대한 심판, 반칙과 특권 청산, 남북회담과 북미회담, GDP 3만 달러 시대를 이끈 제조업의 붕괴 위기 등 요동치는 국내외적 상황을 겪고 있다. 또한 4차 산업혁명이 촉발한 변화가 유례없이 빠른 속도로 진행되고 있다. 이런 변화의 소용돌이에서 중심을 잡고 현실을 직시하려면 자존감이 꼭 필요하다. 자존감이 부족하면 변화에 적응하기 어렵고 도전을 포기한 채 흐름에 몸을 맡기겠다는 안이한 생각에 휩싸이게 된다.

자존감이 삶의 일관성을 지킨다

완벽한 사람은 존재하지 않는다. 남들이 보기에는 위대한 성과를 낸 사람들조차 자신의 부족함 때문에 고통받는 경우가 적지 않다. 부족함과 단점은 숨기고 남들에게 좋은 면만 보이고 싶은 것이 어쩌면 자연스러운 인간의 본성이 아닐까 생각한다. 페이스북이나 인스타그램 등의 SNS를 봐도 행복하고 즐거운, 남들이 부러워할 만한 모습과 일상이 대다수다. 있는 그대로 자신의 일상을 공개하고 싶어 하는 사람은 많지 않다.

그러나 굳건한 자존감과 자기 정체성을 가진 사람은 애써 자신의 부족함을 숨기지 않는다. 자기 단점을 들여다보고 신경 쓰는 대신 발전을 위해 무엇이 필요한지 고민하고, 성실하게 실천에 옮긴다. 그 대표적인 예가 바로 일본 프로야구팀 주니치 드래건스의 야마모토 마사 선수다.

1965년생인 야마모토는 1986년에 처음 등판하여 50세 1개월이 된 2015년 9월 유니폼을 벗었다. 그는 화려한 경기를 보여 주지는 않았으나 '성실함'과 '열정'의 대명사로 불리는 일본 프로야구 최고령 승리 투수다. 야마모토가 선수 생활을 시작할 무렵, LA 다저스의 전설적인 투수 샌디 쿠팩스는 그의 투구를 이렇게 혹평하기도 했다. "저 친구는 트럭 운전을 하는 편이 낫겠다." 프로야구 선수라는 사실을 믿기 어려울 만큼 느린 구속(구속이 시속 130킬로미터 전후였다)을 비꼰 말이다. 하지만 그는 오랜 시간 부족한 부분을 채워 나갔고, 은퇴할 때까지 통산 219승을 기록했다. 41세 1개월에 노히트노런을 달성하고 49세 25일에 최고령 승리 투수가 되었다. 야구선수로서 30여 년의 현역 경력은 그 자체가 존경받을 만한 기록이다. 그러나 일본 사회에서 그는 최고령 투수 또는 노히트노런을 달성한 최고 투수보다는 성실하게 노력하는 '평범한 일본인의 대명사'로 존경받고 있다.

야마모토는 주니치 드래건스에서 선수 생활을 시작했고 그곳에서 32년간의 선수 생활을 마무리했다. 그는 매년 연말에 보름 정도 쉬고 1월 2일이면 어김없이 훈련에 돌입했다고 한다. 볼이 느리다는 약점을 보완하기 위해, 그리고 나이의 한계를 극복하기 위해 1년 중 350일을 훈련과 경기에 전념한 것이다. 그는 자신의 부족함과 성실에 대해서도 겸손하게 대답했다.

"오래된 컴퓨터는 부팅하는 데 시간이 많이 걸린다."

그에게 더욱 존경스러운 부분은 일관성을 유지하기 위한 확실한 자기 관리다. 야마모토는 어깨나 팔에 치명적 부상을 입지 않도록 몸 관리를 철저히 하며 선수 생활을 마감했다.

지난 20년간 무려 일곱 번 이상, 그것도 전혀 다른 직업을 거친 내가 유독 야마모토 선수의 일관성을 동경하는 이유는 어떤 일에도 진지하게 임하는 그의 자세다. 사실 요즘 젊은이들이 가장 이해하기 힘든 부분일 거라는 생각도 든다. 이것저것 잣대를 대며 판단할 필요 없이 자신이 좋아하고 원하는 일에 전념하는 '돌직구 스타일의 꾸준함'이 중요하다. 그런데 '이 일을 하기엔 내 능력이 한참 부족하니 그만두자'고 쉽게 단정 짓는다. 이걸 해 볼까, 아니면 저 일이 내게 맞는 걸까, 고민하는 동안 정체성은 점점 사라진다. 참으로 안타까운 일이다. 부족한 점은 포기해야 하는 이유가 아니라 나를 완성시켜 가는 극복의 대상이기 때문이다. 야마모토 선수야말로 자신의 존재 가치를 모질게 살리며 정확하게 따른 인물이다. 야구 인생을 살아가겠다고 결심한 그에게는 볼의 빠르기나 나이가 장애물이 되지 않았다. 쉼 없는 투구 훈련과 관리가 마침내 그를 최고령 투수 기록 보유자로 만들었다. 이런 삶이야말로 진정 성공한 삶이라고 생각한다.

나 역시 무모할 만큼 낙관적인 자세 하나로 삶을 지켜 왔다. 젊은 시절 몇 번의 고비를 겪었지만 미래에 대해 긍정하면서도 단하나 철저하게 경계한 것이 있다. '하이 리스크, 하이 리턴' '인생은 한 방'이라는 허황된 생각이다. 절망이 길어질수록 한 번에 복구하고 싶은 욕망도 커진다. 자기 처지를 외면하거나 하루빨리 이 고통을 벗어나 쉽게 살고 싶은 유혹도 생긴다. 나는 몇 번이고 새로운 길을 선택했지만 주어진 상황에서 일관된 삶의 방향성에 따른 선택을 했고, 성실한 자세로 그 상황을 해결해 왔다. 주위에서 줏대 없다는 소리를 듣지 않은 건 그 이유 때문일 것이다. 야마모토 선수와 달리 직업은 여러 가지였지만 적어도 삶의 태도에서 보여 준 일관성만큼은 그와 꽤 닮지 않았나 하고 생각한다.

인생의 좌절과 시련은 예기치 않은 때, 상상해 보지 않은 방식으로 찾아오기도 한다. 짧은 시간 휩쓸고 지나갈 수도 있고 긴 시간 인생을 뒤따라다니며 괴롭히기도 한다. 이런 상황을 견뎌내는 건 오직 나 자신의 힘이다. 그 힘의 원천은 자존감과 정체성이다.

초연결 사회와 디지털 정체성

현재 사회는 직접 만나는 사람보다 문자나 전화, 카카오톡과 페이스북, 기타 인터넷을 통한 간접적인 소통이 더 많아지는 추세다. 정체성은 '내가 바라보는 나' '타인과 사회가 바라보는 나'를 통합시킬 때 똑바로 설 수 있다. 그러나 아예 깊이 있는 인간관계 자체를 단절한다면 '타인이 바라보는 나'를 제대로 인지하기 어려워진다.

초연결 사회는 사람이 디지털 기기와 24시간, 어느 장소에서나 연결되어 있는 상태다. 즉 내 정보, 나의 거의 모든 것이 인터넷을 통해 디지털화된 데이터로 어딘가에 흘러 다닐 수 있다는 의미다. 지금도 스마트폰만 들고 있으면 내가 어디 가서 무엇을 사고 얼마나 머물렀는지, 언제 일어나고 누구를 만나고 어떤 일을 하고 있는지 파악하기란 크게 어렵지 않은 세상이다. 이미 빅데이터를 활용해 내 관심사와 취향 등을 파악하고 맞춤 상품을 추천하는 쇼핑 서비스가 일반화되었다.

인터넷 공간에 남은 나의 모든 흔적, 즉 각종 사용 앱, SNS 사용 정보 등이 디지털 공간에 차곡차곡 쌓여 '또 다른 나'를 그려 낸다. 이렇게 만들어진 것이 바로 '디지털 자아' 또는 '디지털 정체성'이다. 주로 디지털 마케팅의 대상으로 존재하며 각종 개인화된 서비스를 제공하는 토대가 된다. 객체화된 나를 분석해서 원하는 것을 직접 요구하거나 지시하지 않아도 척척 제공해 준다는 점에서 편리할 수도 있다.

그러나 여기에는 원치 않는 개인 정보 노출의 위험이 항상 도사리고 있다. 이와 함께 디지털 공간의 자아와 진짜 자아가 부조화를 이루어 오히려 정체성 혼란을 불러올 수 있다는 점 역시 조심해야 할 부분이다. 본래의 자기 정체성이 건강해야 '보여지는' 디지털 공간의 허구적인 정체성에 휘둘리지 않고 현실 세계를 살아갈 수 있다. 아름답고 행복하게, 물질적으로도 부족하지 않은 모습으로 미화된 디지털 자아를 현실 세계에 그대로 이전해 살아가려는 노력은 실패할 수밖에 없다.

이런 여러 가지 문제점에도 불구하고 인터넷이나 소셜네크워

크를 사용하지 않는 것은 불가능하고, 권장하지도 않는다. 다양한 아이디어와 자료, 각종 플랫폼, 협업 파트너를 만날 수 있는 절대적인 비즈니스 공간이자 학습의 공간이기 때문이다.

그런 의미에서 보여 주기 식 소셜네크워크 사용보다는 관심 영역을 공유하며 이를 중심에 두고 실질적 협업 네트워크 기반을 다지는 방식으로 인터넷 공간을 사용하는 지혜가 필요하다. 이와 더불어 디지털 정체성이 내 원래의 정체성과 분리되지 않도록 주의를 기울여야 한다.

역사에서 찾은 정체성의 뿌리

정체성을 보통 '자아 정체성'과 '사회적 정체성'으로 나누기도 한다. 자아 정체성이 자기 자신이 느끼고 생각하는 자아의 개념이라면 사회적 정체성은 성별, 지역, 국가, 종교 등 개인에게 중요한 사회적 지표들로 인해 타인과 구분되는 개념이다. 이 둘은 개념상으로만 분리될 뿐 실제로는 한 개인에게 분리할 수 없는 복합적인 요인으로 작용하여 통합된 자아 개념을 형성한다. 이를 구분해서 설명한 이유는 올바른 정체성 형성에는 우리가 알고 있는 것보다 더 많은 요인이 작용하며 나와 상관없다고 생각하는 더 큰 상위 개념들, 즉 국가와 역사, 민족 등 내가 속한 사회가 나에게 미치는 영향을 설명하기 위해서다.

사회적 정체성은 의식적으로 배운다기보다 속한 사회에서 나고 자라면서 자연스럽게 내면화되기 때문에 스스로 깨닫지 못하는 경향이 강하다. 한일전을 보며 일본을 응원하는 한국인을 찾기 어렵고 올림픽에서 한국이 우승하기를 바라는 것도 대한민국 국민이라는 소속감과 정체성을 갖고 있기 때문이다.

앞서 산 조상들의 삶이 겹겹이 쌓여 역사가 되고 현재를 살고 있는 우리 정체성의 기초를 이루고 있다. 따라서 올바른 역사 인식을 갖는다는 것은 단단한 정체성을 만드는 기본이 된다. 단군 이래 우리 역사의 흐름과 근현대사의 역동적인 변화를 알고 있으면 미래의 한국 사회를 예측하는 데도 도움이 된다. 기업 활동과 정보에는 국경이 없지만 기업과 기업인에게는 국가 정체성이 스며들어 있으며, 기업의 미래에 걸림돌이 되는 것이 아니라 오히려 공동체의 지원을 받으며 더 빠른 속도로 성장한다는 것은 주지의 사실이다.

이 땅의 청년이라면 적어도 내가 태어난 대한민국 근현대사의 큰 흐름 정도는 알고 있어야 한다. 정치와 사회 현실에 관심이 없더라도 2016년 촉발된 촛불혁명으로 인해 정권 교체를 맞이하면서 우리 사회가 근본적인 인식의 변화를 겪고 있다는 사실은 인지할 것이다. 특권과 반칙으로 점철된 과거 정권을 심판하는 과정에서 적폐청산이라는 단어에 관심을 갖게 되었으며 그 전까지 내 삶과 전혀 무관해 보였던 누군가의 비리와 부패, 불합리한 관행이 실상 우리 모두의 삶과 바짝 맞닿아 있다는 사실을 깨닫는 과정이었다. 내가, 우리가 왜 이렇듯 힘들게 살아야 하는지에 대한 원인의 하나를 찾았기 때문이다. 게다가 이 과정에서 청년들이 자기 정체성을 깨닫고 정치와 사회 현실에 좀 더 관심을 갖게 되었다는 점에서 더 큰 의의를 찾을 수 있다.

촛불혁명으로 적나라하게 드러난 적폐의 뿌리를 거슬러 올라가면 그 시작은 일제강점기의 '친일'에서 비롯되었다는 것을 알게 된다. 1945년 광복 이후 70여 년이 지났다. 1970년대부터 놀랄 만한 속도로 경제 성장을 이루었지만 그 반면 청산하지 못한 친일 잔재와 적폐가 사회 곳곳에 남아 있다. 정치, 경제, 역사는 물론이고 심지어는 음악, 미술 같은 문화 예술 분야까지 친일의 잔재가 스며들어 있다. 나는 지금도 친일 잔재를 완전히 청산해야 우리 민족의 자긍심과 정체성을 회복할 수 있다고 믿는다. 친일로 시작해 기득권의 중심이 된 세력들은 우리 민족의 정체성을 흔들고 역사를 왜곡해 자신의 정체를 숨기려 한다. 반면 국가와 민족을 위해 헌신한 분들은 철저히 외면하고 부정하려 든다. 그래야 자신들의 친일의 흔적을 숨길 수 있기 때문이다. 즉 독립유공자와 그들의 후손이 국가로부터 아무런 보상도 받지 못한 채 고단한 삶을 이어 가는 이유는 친일파의 후예들이 역사, 정치, 교육, 문화 등 우리 사회 전반을 장악하고 있어서다. 이런 현실을 바꾸지 않으면 국가와 민족을 위해 헌신하는 것이 '명예로운 일'이 아니라 '어리석은 짓'이라는 역사적 교훈을 남기는 셈이 된다. 대단히 늦었지만 '친일 잔재 청산'이야말로 우리 사회가 반드시 해결해야 하는 역사적 과제인 이유다.

젊은 시절 일본 유학 중에 재일한국유학생연합회 회장을 지낸 적이 있다. 유학생회 사무실은 재일본 한국YMCA회관에 있었는데, 그곳은 1919년 2월 8일, 재일 조선인 유학생 500명이 모여 독립선언문을 낭독한 역사적인 자리에 세워진 건물이었다. '2·8 독립선언'은 일본 땅 한복판에서 조선인의 독립과 자주민임을 선언하고 민족의 정당한 의사를 끝까지 밝힐 것을 선언한 뜻 깊은 항거였다. 이 사건은 한 달 뒤 3·1만세운동의 촉발제가 되었다.

자연스럽게 일제강점기 우리나라 유학생들의 역사를 알게 되었고, 매년 YMCA 강당에서 열리는 2·8독립선언 기념식에서 재일한국유학생연합회 회장 자격으로 독립선언문을 낭독하는 영광도 얻게 되었다. 2·8독립선언문을 정확하게 낭독하기 위해 전날 밤늦게까지 연습을 하고 단상에 올라갔건만 낭독 후 자리에 돌아오자마자 팔순 가까운 어르신께 꾸중을 들어야 했다. 내가 선언문 중 '세 글자를 틀리게 읽었다'는 말씀이셨다. "열 번 이상 읽고 왔는데, 틀려서 죄송합니다"라고 사과드리자 "백 번은 읽고 왔어야지!"라며 재차 야단을 치셨다. 그때 일을 생각하면 지금도 얼굴이 화끈거린다. 머릿속으로는 우리 역사를 제법 안다고 생각했지만 일제강점기를 거쳐 지금도 고통 속에서 일본에 살고 계신 분들과 비교하면 한민족으로서의 내 정체성이 부족한 탓이었다.

역사와 현실 인식은 확고하고 올바른 정체성을 갖게 해 준다. 이렇게 각성된 정체성은 소용돌이치듯 변화하는 사회를 좀 더 냉철하게 판단하고 그 속에서 흔들리지 않는 중심이 된다. 잘못된 역사 인식이 불러오는 비극을 단적으로 보여 주는 예가 소위 '태극기 집회'다. 부정부패와 무능이 적나라하게 밝혀져 탄핵된 대통령을 그리워하고 '계엄령 선포'를 요구하며 태극기와 성조기, 심지어 이스라엘 국기까지 손에 들었다. 그 집회에 참여하는 사람들에게는 어떤 자존감과 정체성이 존재할까? 확실한 건 적어도 보편적인 한국인의 그것은 아니며, 인류 보편의 정서와 민주주의에 역행한다는 점이다.

역사 의식은 자랑스러운 역사는 물론이고 일제강점기와 친일 청산, 우리의 부끄러운 과거까지 가감 없이 수용할 때 균형을 찾는다. 아직까지도 해결되지 않은 일본군 성노예 문제와 소녀상을 둘러싼 한일 간의 외교 분쟁을 차근차근 해결해 나가는 것과 동시에 우리가 가해자인 역사의 진실도 반드시 마주하고 풀어가야 한다.

베트남 참전이 남긴 과제들

'우리가 가해자인 역사도 있나?'라는 생각이 들 수도 있다. 1965년부터 1975년까지 베트남 전쟁에 참전해서 그곳에 남긴 우리의 과오는 상대적으로 덜 알려진 역사적 사실이다. 물론 베트남전 파병에 대한 비판적인 의견을 포함한 다양한 의견이 존재한다. 그러나 박정희 정권이 군부 쿠데타로 인한 민심 이반과 국가경제 건설이라는 숙제를 풀기 위해 참전했다는 것이 전문가들의 대체적인 분석이다. 미군을 지원하기 위해 파병된 한국군은 미군 다음으로 인명 피해가 컸다. 8년간 31만 명 이상의 청년이 참전했으며 사망 5,000명, 부상 1만 5,000명에 고엽제 피해자는 15만

명이 넘는 어마어마한 규모였다. 우리 역시 엄청난 피해를 입었으나 우리 자신을 피해자라고 주장하기는 어렵다.

베트남은 천 년이 넘는 중국의 식민지를 경험했다. 몽골의 침입, 프랑스에 의한 80년간의 식민 지배를 겪으면서도 불굴의 투쟁으로 독립을 쟁취한 베트남인에게 과연 한국은 어떤 존재일까? 베트남 각지에는 한국 군인들의 민간인 학살과 만행을 기록한 3개의 증오비와 학살 피해자들을 위로하는 50여 개의 위령비가 남아 있으며, 9,000여 명의 민간인이 학살당했다는 기록이 존재한다. 빈호아에 있는 증오비에는 "하늘에 닿을 죄악, 만 대를 기억하리라"라는 문구가 적혀 있다.

참전의 정당성을 따지기보다 그 결과로 세계 12위의 경제 강국을 이룰 수 있었다면 이제 베트남을 위해 무엇인가를 해야 한다는 주장에 귀 기울일 필요가 있다. 민간인 학살은 그 과정이 어쩔 수 없었다는 주장이 있더라도 정부 차원의 사죄와 보상이 필요하다. 베트남 전역에 있는 증오비와 추모비로 한국을 기억하게 해서는 안 된다. 만약 우리 정부와 국민이 이를 외면한다면 일본이 성노예를 부정하는 태도와 다를 게 없다. 우리는 일제강점기의 상처를 기억하고 있다. 따라서 피해자인 베트남의 입장을 잘 헤아려 진실하고 겸손한 사죄와 보상을 해야 한다.

더불어 전시 성폭력으로 태어난 '라이따이한' 문제도 기억해야 한다. 라이따이한은 최소 5,000명, 많게는 2만 명 이상으로 추정되고 있다. 이 문제 역시 국가 차원의 대책이 시급하다.

베트남은 현재 1인당 GDP 약 2,400달러(2017년 기준)로, 1억 명의 인구와 매년 6퍼센트 정도의 경제 성장을 하고 있는 신흥 강국이다. 베트남이 1인당 GDP 1만 달러 시대를 맞으면 베트남전에서의 민간인 피해 문제는 양국 간 첨예한 갈등으로 부각될 가능성이 있다. 다행스러운 것은 현재 베트남과의 관계가 나쁘지 않다는 점이다. 베트남에 진출한 우리 기업이 많고, 정부 차원의 경제 협력도 원만하게 추진되고 있다. 거기에 더해 한류 스타와 축구 감독 박항서의 활약으로 한국에 우호적인 정서가 고양된 지금이야말로 베트남과의 과거사를 정리하기에 최적의 시기다. 이런 화해 무드를 그냥 흘려 버리지 말고 정부가 사과와 보상 문제를 적극적으로 추진하기를 기대해 본다.

끝나지 않은 역사, 고려인 강제 이주

고려인 강제 이주 역시 잊지 말아야 할 우리 역사의 한 장면이다. 150년에 걸친 고려인(카레이스키)의 고난에 찬 디아스포라

(Diaspora, 본토를 떠나 타지에서 자신들의 규범과 관습을 유지하며 살아가는 민족 집단 또는 그 거주지를 일컫는다)는 현재를 살아가는 우리가 절대 잊어서는 안 될 현재진행형의 역사라고 말할 수 있다.

1860년대 조선 말기, 민초들의 삶은 힘들고 고단했다. 새로운 삶의 터전을 찾아 연해주로 건너가 살기 시작한 조선인들은 일제강점기가 되자 20만 명 가까이 늘어났다. 일제의 횡포를 피하거나 독립운동을 하기 위한 이주도 적지 않았다. 그러던 중 1937년 8월 21일 비극의 서막이 시작되었다. 대일 전쟁을 앞둔 소련의 스탈린 정권은 일본인과 뒤섞이면 알아차리기 어렵다는 이유로 구소련 영토에 살고 있던 18만 명의 고려인을 중앙아시아로 강제 이주시키기로 결정했다. 지식인 등 지도급 인사 수천 명을 죽이고 나머지는 연해주에서 중앙아시아 카자흐스탄까지 6,500킬로미터의 거리를 열차로 이주시켰는데 40여 일간 시베리아 횡단열차에서 사망한 사람이 수백 명에 달했다.

불과 80년 전의 일이다. 춥고 황량한 카자흐스탄의 우슈토베 지역에서 토굴을 짓고 생사의 갈림길을 넘나들던 이주민들은 끈질긴 생명력으로 살아남아 그 벌판에서 쌀농사를 짓는 데 성공했다. 북위 41도 이하에서만 가능했던 쌀농사를 북위 43도 지역에서 해낸 것이다. 이주 고려인들은 이후 소련 정권 하에서 이리저리 강제 이주를 당하는 고난의 세월을 살아야 했고, 지금도 이주 2~4세대 동포들이 중앙아시아와 한국에 흩어져 살고 있다. 독립 운동을 위해, 가난을 면하기 위해 조국을 떠났던 조선인들의 후손이 150년이 흐른 지금, 한국에서 외국인 신분으로 어렵게 살아가고 있다.

소련 해체 이후 다른 국가들이 자국민들을 귀환시킨 것과 달리 우리는 지금까지 정부 차원에서의 귀환과 지원 정책을 내놓지 않았다. 이제 대한민국도 이주민들의 후손인 이들을 조건 없이 귀환시키고 우리 국민으로 받아들여야 한다.

역사는 나와 무관한 먼 옛날 이야기가 아니며 현재를 사는 우리가 짊어지고 가야 할 공동체의 운명과도 같다. 나와 민족과 국가는 별개로 존재하는 것이 아니라 운명 공동체를 이루고 있으며, 내 정체성 역시 땅속으로 연결된 나무의 뿌리처럼 모두와 연결되어 있다는 사실을 기억해야 한다.

목적과 계획 없는 진짜 여행

나는 청년들에게 계획 없이 떠나는 여행을 권한다. 여행이 답을 알려 주지는 않지만 적어도 솔직한 '나'를 만날 수 있는 방법이 되기 때문이다. 사실 인생과 여행은 많이 닮아 있다. 사람은 익숙한 환경에 안주하려는 성향과 새로운 것에 도전하려는 열망을 동시에 갖고 있는 존재다.

내가 어딘가로 훌쩍 여행을 떠나는 이유는 낯선 곳에서 살아가는 이들의 삶을 느끼고 싶은 욕구와 미지의 장소에 발을 딛고 싶은 열망 때문이다. 안전하고 익숙한 곳으로의 여행이 아니라 가능하면 가 보지 않은 낯선 곳이 더 좋다.

제주도 항몽유적지와 신채호·안중근 선생이 생을 마친 뤼순 감옥, 재한국인의 애환이 서린 오사카도 좋았다. 터키 이스탄불, 체코 프라하, 폴란드 아우슈비츠는 다시 가 보고 싶은 곳이다. 특히 아우슈비츠는 모든 것의 종착점이었다는 점에서 강렬한 슬픔을 느낀 곳이다. 아울러 북한의 개성, 페루 마추픽추, 엘살바도르의 수도 산살바도르는 언젠가 꼭 한번 가 보고 싶은 곳이다. 개성에는 고려 시대의 찬란한 유적이 남아 있고 마추픽추에는 페루인의 숨결이 남아 있으며 산살바도르에는 로메로 신부의 삶이 배어 있다. 1937년 고려인들에게 '죽음의 길'이었던 시베리아 횡단열차 역시 꼭 한번 타 보고 싶다.

개인적으로는 사람으로 붐비는 유명 관광지보다 '아무것도 없는 곳'이 더욱 마음을 끈다. 이런 여행이야말로 나 자신을 되돌아보고 심기일전하게 해 준다. 그동안 세계 20여 개국을 다녀 보고 난 뒤 최고의 여행지로 몽골을 꼽는 것도 이런 이유다. 도시생활자인 내 삶과 대척점에 있는 몽골 유목민들의 삶은 그 자체로 신비롭기까지 하다. 몽골에서는 현지인들의 도움 없이 나 스스로 할 수 있는 일이 거의 없다. 드넓은 초원에서 말을 타고 전통 가옥 게르에서 쉬며 밤하늘의 별을 보는 것이 하루 일과의 전부다.

처음엔 지루하고 따분할지 모르지만 적응이 되면 삶을 바라보는 시각이 달라진다. 누군가의 도움 없이는 아무것도 할 수 없다는 것이 속박이 아니라 오히려 자유롭다는 걸 느끼게 된다. 늘 시간에 쫓기고 '해야 할 일'에 쫓기고 무엇이든 하지 않으면 곧 도태될 것 같은 불안함에 시달리는 삶이야말로 옴짝달싹할 수 없는 구속 상태가 아닐까? 몽골 유목민들은 미래를 걱정하지 않으며 삶에 여유가 있다. 그저 자연 속에서 조상들과 같은 모습으로 살아가고 있다.

몽골의 밤은 칠흑같다. 그만큼 별은 더욱 선명하다. 게르에서 보낸 첫날 밤, 때 묻지 않은 태곳적 별들을 잊을 수가 없다. 몽골 여행은 내게 삶과 행복의 의미를 다시금 되짚어 보게 만들었다. 또한 소소한 즐거움과 감동, 기쁨이 얼마나 인간을 행복하게 하는지도 깨닫게 해 주었다.

'훌쩍 떠난다'는 말이 있다. 꼼꼼하게 여행 준비를 하는 것이 아니라 마음 내키는 대로 별다른 준비 없이 떠난다는 표현이라고 생각한다. 그러나 현대를 살아가는 도시생활자들은 그렇게 훌쩍 떠나지 못한다. 숙박과 교통편을 미리 정하고 예약하지 않으면 불안해서 떠날 수가 없다. 비용 절약을 위한 노하우는 물론이고 여행 코스와 맛집까지 완벽하게 계획한 뒤에야 출발한다. 예측 가능하고 철저하게 준비된 여행이다. 이런 여행에 낯선 장소와 낯선 사람이 불쑥 등장할 확률은 매우 낮다.

나는 청년들에게 방문할 도시만 정한 채 무작정 떠나 보라고 권한다. 낯선 장소와 시간, 낯선 사람들을 만나면서 불안과 긴장, 예상치 않은 기쁨과 즐거움을 느끼는 것이야말로 우리가 인생에서 겪게 될 일들이다. 인생을 아무리 철저하게 준비해도 예기치 않은 상황을 맞딱드리는 것처럼. 그리고 '무작정 여행'을 별 탈 없이 마친 이후에는 인생에 대한 낙관성과 낯선 세상에 대한 두려움을 이겨 내는 그 무엇이 내 속에 쌓였음을 느끼게 된다. 그 무엇이란 바로 자존감과 자신감이다.

새로운 일을 시작할 때 두려움이 없고 오히려 낯선 환경을 만나 가슴이 뛰는 건 무작정 여행이 준 선물이다.

삶의 태도를 가르쳐 준 나의 인생 도서

◆ 하늘을 흔드는 사람 위대한 지도자 레비야 카디르의 도전과 투쟁

"나는 위구르족의 어머니가 되어 고통을 멎게 하는 치료제가 되고, 눈물을 닦아 주는 손수건이 될 것이며 비바람을 막아 줄 우산이 될 것이다." 위대한 지도자 레비야 카디르의 도전과 투쟁의 일대기다. 1,000만 명에 이르는 터키계 신장 위구르족의 대중국 투쟁을 상징하는 인물이다. 그는 척박한 산악 지대에서 태어나 15세에 결혼하여 11명 아이의 어머니가 되었고, 세탁소로 사업을 시작해 중국 최고의 갑부이자 신장지구 인민대표에 오른 입지전적인 인물이다. 그러나 카디르는 자신에게 주어진 특권에 안주하지 않고 중국 정부를 향한 날선 비판을 멈추지 않았다. 결국 중국 정부에 의해 투옥되었다가 미국으로 망명했으며 위구르족의 독립을 위한 활동을 계속하고 있다.

레비야 카디르, 알렉산드라 카벨리우스 지음 | 열음사 | 2009년

◆ 사람의 목소리는 빛보다 멀리 간다 위화, 열 개의 단어로 세상을 말하다

중국 소설가 위화의 작품으로, 현대 중국의 세태를 열 개의 단어를 통해 표현하고 있다. 인민이란 단어에 담긴 재미있는 중국의 현실. 1989년 천안문 사태 이후 6월 4일이라는 단어를 검색할 수 없게 되자 중국 누리꾼들이 만든 키워드 '5월 35일' 등을 소개하고 있다. 저자는 '중국은 위에서 정책이

나오면 아래에서는 대책을 만들어 낸다'라고 표현한 바 있다. 저자의 비판적인 시각에도 불구하고 중국 사회의 강한 자신감과 긍정적인 미래를 엿볼 수 있다.

위화 지음 | 문학동네 | 2012년

• 에디톨로지 창조는 편집이다

세상의 모든 것은 끊임없이 구성되고 해체되고 재구성된다. 이 모든 과정을 한마디로 편집이라고 정의한다. 에디톨로지는 단순히 섞는 게 아니라 인간의 구체적이며 주체적인 편집 행위에 관한 설명이다. 문화심리학자인 저자의 '창조'에 대한 정의가 탁월하다. 창조는 천재의 전유물이나 무에서 유를 창조하는 것이 아니라 정보와 정보를 편집하는 데서 발생하며 그 정보를 누가 어떻게 하느냐에 따라 다양한 창조물이 생겨난다고 설명한다. 정보가 무기이며 자본인 디지털 시대의 필독서다.

김정운 지음 | 21세기북스 | 2014년

• 근대 국가

'한일전'에서 우리가 한마음이 되어 웃고 울며 한국이 승리하기를 기원하는 그 '국가'라는 개념을 잘 정리해 놓은 책이다. 다소 딱딱한 내용이지만 '국가'가 그리 오래되지 않은 역사적 산물이며, 국가를 잘 운영하기 위한 각종 제도를 어떻게 만들고 유지해 왔는지 차분하게 설명하고 있다. 근대 국가를 유지하는 가장 중요한 요소인 상비군 제도, 조세 제도, 관료 제도 등은 그대로 현대 국가에 계승 발전되어 현재 우리가 살아가는 국가의 근간을 이루고 있음을 알 수 있다. 저자는 남북통일 이후의 국가 형태에 대해서도 더욱 열린 시각이 필요하다는 점을 강조하고 있다.

김준석 지음 | 책세상 | 2011년

◆ 작은 꿈을 위한 방은 없다 세계 1등 혁신국가를 단든 이스라엘의 아버지

시몬 페레스가 남간 마지막 메시지

이스라엘 건국의 아버지로 불리는 시몬 페레스의 자서전. 70년간 열 번의 장관, 세 번의 총리, 한 번의 대통령을 지냈으며 1994년에는 노벨평화상을 수상한 전설적인 인물이다. 이스라엘의 경제 위기를 극복하고 스타트업의 천국으로 탈바꿈시킨 것도 시몬 페레스의 위대한 공적이다. 그는 이 책에서 미래를 예측하며 젊은 세대들에게 도전 정신과 상상력을 가지라고 강조한다. "내가 유일하게 후회하는 것이 있다면 더 크고 담대한 꿈을 꾸지 않은 것이다"라는 저자의 말은 되새겨 볼 만하다. 역자인 윤종록 전 미래창조과학부 차관은 "이 책은 21세기의 2서1표(목민심서, 흠흠심서, 경세유표를 일컫는다)이며 이 시대 리더라면 반드시 읽고 인사이트를 얻어야 할 책"이라고 추천했다.

시몬 페레스 | 쌤앤파커스 | 2018년

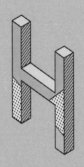

———

미래 관계성 다지기

———

모든 것은 사람에서 시작하여
사람으로 귀결된다

"인간보다 똑똑한 인공지능이 출현했다.
고유한 인간의 영역이라고 생각했던
복잡한 전문 분야의 지식은 물론 인간의 감정을 읽고 적절하게
대응할 수 있는 능력도 갖고 있다. 그렇다고 해서
인간이 다른 인간을 더 이상 필요로 하지 않는 시대는
상상할 수 없다. 오히려 모든 것이 연결되어 있는
초연결 사회에서는 더욱 긴밀한 인간관계가 필요하다."

피곤한 인간관계

차라리 혼자가 편한 이유

혼자 밥 먹고, 혼자 술 마시고, 혼자 영화 보는 게 더 편하다는 젊은이들이 많다. 내가 대학에서 본 청년들은 학비를 벌기 위해 아르바이트를 하고, 취업을 위한 스펙을 쌓고, 시험 준비를 하느라 매우 바빴고, 또 불안하고 피로해 보였다. 그러니 인간관계에 쓸 시간과 돈, 에너지가 부족할 수밖에 없다. 혼밥 혼술은 청년 세대의 자연스러운 문화로 자리 잡고 있다. 그러나 다시 생각해 보면 자연스럽고 따뜻한 인간관계를 싫어하는 사람은 없다. 다만 상황이 허락하지 않을 뿐이다. 혼밥 혼술 문화는 개인화 파편화된 오늘의 현실을 반영한 것인 만큼 나를 포함한 기성세대의 책임이 크다.

청년들 곁에는 이제 사람 대신 컴퓨터가 있다. 스마트폰은 사실 통신 수단이라기보다 개인용 컴퓨터라고 할 수 있으니, 이제 인간의 곁은 24시간 잠들지 않는 컴퓨터가 지키고 있다 해도 과언이 아니다. 컴퓨터를 통해 사람과 소통하는 것은 물론이고 아예 컴퓨터 자체와 대화하는 사람도 늘어나고 있다. 반려컴퓨터라고 불러도 어색하지 않을 지경이다.

모두의 손에 스마트폰이 들리면서 자연스럽게 초연결 사회로 진화하고 있다. 현재는 사람과 컴퓨터의 연결에 의한 관계성이 중요하다면 앞으로 펼쳐질 미래는 컴퓨터와 사물의 연결이 주가 될 것이다. 초연결 사회는 인터넷을 통해 모든 사람, 모든 사물이 온오프라인으로 통합되며, 새로운 비즈니스 모델의 성장과 함께 지금까지와는 다른 삶의 형태를 만들어 낼 것으로 보인다.

4차 산업혁명으로 가속화되는 초연결 사회가 한편으론 인간 소외를 불러올 것이라는 예측도 만만치 않다. 인공지능과 사물인터넷의 발달은 사람을 마주하지 않고도 수많은 일을 처리할 수 있게 해 준다. 톨게이트나 매표소 업무처럼 비교적 간단한 일은 물론이고 개인 취향을 반영해야 하는 음료와 식사 주문도 키오스크(터치스크린, 사운드 등을 통해 원하는 정보와 서비스, 예약, 결제 등을 처리할 수 있도록 설치된 무인 정보단말기)를 통해 해결할 수 있다. 특히 사람보다 기계나 컴퓨터를 더 친숙하게 느끼는 청년층은 '비대면' 방식을 선호하는 경향이 강하다. 요즘 이런 현상을 '언택트'라고 부르기도 하는데 접촉을 뜻하는 콘택트(Contact) 앞에 'Un'을 붙인 신조어로 일본에서 처음 쓰이기 시작했다.

폭발적으로 늘고 있는 1인 가구와 혼밥 혼술을 즐기는 젊은층의 기호에 딱 들어맞는 언택트 관련 기술은 빠른 속도로 우리 생활에 파고드는 중이다. 패스트푸드점과 카페에서는 키오스크나 스마트폰 앱을 통해 직원과 마주하지 않고 주문하는 고객이 늘고 있으며 무인 택배함 이용도 증가하고 있다. 낯선 사람과 대면해야 하는 불안감과 스트레스가 전혀 없으며 직원의 은근한 권유에서 자유롭다는 장점도 있다. 그러나 이런 편리함 뒤에 숨겨진 진짜 위험을 간과해서는 안 된다. 언택트 기술은 우선 서비스 분야의 많은 일자리를 없앨 가능성이 있으며(실제로 매표소 관련 인력은 눈에 띄게 줄어들고 있다) 막상 사람을 만나서 서비스를 받아야 할 때는 그 과정이 더욱 복잡하고 어려우며 고비용을 지불해야 하는 환경으로 변화할 수 있다. 뿐만 아니라 다른 사람들과의 일상적이고 가벼운 소통이 사라짐으로써 가뜩이나 심각한 '인간 소외'라는 사회 문제를 가속화할 가능성이 높다. 2030년에는 질병 사망률 1위를 우울증이 차지할 거라는 의학계의 보고도 있다.

기술의 발전은 개인이 혼자 할 수 있는 일의 범위를 획기적으로 늘렸지만 그렇다고 해서 세상을 혼자 살아갈 수는 없다. 컴퓨터가 사람보다 편하고, 컴퓨터를 통해 거리를 두고 소통하며, 컴퓨터로 일과 직업을 영위할 수 있다고 해도 인간은 다른 인간과의 교류 없이는 행복해질 수 없다. 인간의 본성은 고도화된 기술 사회가 도래한다고 해도 쉽게 변화하지 않는다. 오히려 기술의 발달과 개인화로 인해 인간의 따뜻함을 찾는 반대의 경향도 비례해서 증가하고 있다. 최근 트렌드는 '빈티지' '복고' '레트로' 등 과거의 향수를 노골적으로 드러낸다. 1980년대 아날로그 감성은 그 시대를 살았던 중장년층은 물론이고 10~20대에게도 인기를 끌고 있다. 이는 기술 발전이 가져온 차가운 현실에 대한 집단적 방어 심리의 작동이 아닐까 하는 생각도 든다.

시대와 환경이 바뀌고 인종과 성별, 나이가 다르다고 해도 인간은 본질적으로 다른 사람의 온기 없이 살아갈 수 없다. 오히려 기술 문명이 발달할수록 인간관계에서 얻는 온기를 더욱 그리워하게 된다. 사람의 내면을 변화시키고, 성장시키고, 치유하는 것은 얼굴을 맞댄 사람에게서만 얻을 수 있는 소중한 경험이다. 이런 경험 없이 내적 성장을 이루는 것은 불가능하다.

내 삶의 나침반이 된 세 분의 스승

사람과의 관계는 인생을 변화시킨다. 나 역시도 내 인생의 방향을 잡아 주고 다시 일어설 수 있도록 손을 잡아 준 고마운 분들을 만나 여기까지 올 수 있었다. 그중 한 분이 바로 법장스님이셨다. 시민운동을 하던 청년 시절, '한국유권자운동연합'을 만들 때 당시 수덕사 주지인 법장스님을 만났다. 그 인연으로 2005년 스님이 세상을 떠나실 때까지 분에 넘치는 사랑과 격려를 받았다.

한번은 수덕사에 큰 행사가 있어서 예산으로 내려갔다. 덕산온천에 내리니 밤이 깊어 버스가 끊겼다. 당시 나는 경제적으로 빈곤했던 터라 택시를 탈 수도, 번듯한 숙박업소에 묵을 수도 없었다. 근처 PC방에서 밤을 새고 동트자마자 8킬로미터 정도 떨어진 수덕사까지 터덜터덜 걸어갔다. 땀에 절어 후줄근해진 차림새로 수덕사에 도착하니 이미 행사가 진행되고 있었다. 전 국무총리와 국회의원들이 즐비하게 참석한 큰 행사였는데, 스님께서는 행사가 끝난 뒤 지역 유지와 정치인들에게 차림새가 남루한 내 손을 붙들고 "내가 알고 있는 젊은이 중 으뜸인 친구입니다. 잘 기억해 두세요"라고 소개해 주셨다. 주머니에 5,000원밖에 없는 행색이 초라한 청년을 높은 사람들 한복판에 세워 주신 그때의 일을 나는 아직도 잊지 못한다. 살면서 물질적인 유혹을 받거나 자존감이 떨어질 때면 항상 이 일을 떠올리며 다시 한번 마음을 다지곤 했다.

법장스님과 인연을 맺은 지 4~5년 뒤에 부모님 사업이 부도가 났다. 큰 빚이 생겼고 그걸 갚기 위해 노력하는 와중이었다. 스님은 만날 때마다 꼭 빳빳한 새 지폐로 용돈을 챙겨 주곤 하셨다. 말없이 정신적 물질적 빈곤을 채워 주셨던 것이다. 스님은 내게 아버지이자 어머니였다. '죽현(竹玄)'이라는 법명을 지어 주시며 "죽현은 절개와 끈기의 상징인 검은 대나무다. 네가 갖고 있는 것을 다 내주어라. 욕심 부리지 마라. 네가 다 베풀고 네가 필요할 때 세상에서 가져다 써라"라고 말씀해 주셨다. 병 안에 넣은 손을 웅크리면 뺄 수 없듯이 다 놓겠다는 마음으로 손을 풀어야 한다는 말씀이셨다.

스님은 2005년 9월 입적하셨다. 법장스님의 상좌이신 서광사 도신스님이 법장스님을 추모하는 노래를 담은 CD를 주셨는데, 백 번은 들은 것 같다. 그 CD를 들을 때마다 눈물이 쏟아졌다. 스님은 내게 사람의 인연이 무엇인가, 인연의 깊이는 얼마나 될 것인가를 깨닫게 해 주셨다.

내 인생에 또 하나의 특별한 인연이 있다. 서춘호 선배님과의 만남이다. 부모님의 사업 실패로 인해 위태로워진 내 30대의 삶을 따뜻하게 데워 주고 사람에 대한 신뢰를 잃지 않도록 해 준 분이다. 부모님의 사업 부도 소식을 듣고 서둘러 대전으로 내려간 직후 채권자들과 만나 향후 대책을 논의하는 자리, 그곳에서 서춘호 선배님을 만났다. 모두들 혹시 돈을 받지 못할까 싶어 조금씩 격앙되는 분위기였는데도 구석에 앉은 선배는 별다른 반응을 보이지 않았다. 다른 분들보다 손해 본 금액이 적어서 나서지 않는 거라고만 생각했다. 그런데 알고 보니 40여 명의 채권자 중에서 가장 많은 금액을 받아야 할 분이었다. 채권자들과 자주 회의를 하다 보니 자연스럽게 그분과도 친해졌고 선배라고 부르는 사이가 되었다.

당시 40대 중반이었던 서 선배는 원료 납품 대리점을 운영하고 있었다. 10년간 고생해서 이제 막 집을 마련하고 안정기를 맞은 터였다. 이런 상황에서 부모님 회사에 대량으로 외상 납품을 한 뒤 원료 대금을 받지 못하는 상황이 된 것이다. 이후로 수년 동안 서 선배와 그 가족은 월세방에서 온갖 고생을 해 가며 생계를 이어 나가야 했다. 그런데도 나와 부모님 앞에서 단 한마디 싫은 소리를 하지 않았다. 자신의 잘못도 아니고, 처한 상황을 견디기 어려웠을 텐데 지금 와서 생각해도 그분의 의연한 대처는 신기할 정도였다.

나 역시 부도와 채무 해결을 위해 노심초사, 동분서주하고 있었다. 그러다 큰 교통사고로 인해 한 달이 넘도록 병원 신세를 지게 되었다. 이때 서 선배가 병원으로 찾아와서 안부를 묻고 잠시 앉았다가 조용히 돈봉투를 놓고 갔다. 치료비에 보태 쓰라는 의미였을 것이다. 어쩌면 그날 자신의 일당이었을지도 모를 그 돈을 받아 들고 말로 표현하기 어려운 뭉클함과 깨달음을 얻었다. 이 순간이 향후 10년간 부모님의 부채를 완전히 청산하는 힘이 되었다.

많이 배웠다고 해서, 사회적 지위가 높다고 해서, 가진 돈이 많다고 해서 남보다 나은 삶을 살았다고 말할 수 없다. 정직하고 성실하며 남을 배려할 줄 아는 사람, 바로 서춘호 선배야말로 내가 아는 가장 멋진 사람이다. 당시 싱글이었던 나와 달리 가장의 무게를 감내하며 담담한 모습을 보여 주신 선배 덕분에 내 인생의 시련도 담담한 자세로 이겨 낼 수 있었다. 선배의 은혜에 작은 보답이라도 하기 위해 노력한 끝에 안정된 생활이 가능한 일터를 제안해 드렸고 지금은 가까이에서 자주 만나고 있다.

또 한 분은 마음속의 영원한 스승이며 존경하는 인문학자인 고 신영복 선생님이다. 성공회대학교에서 강의하며 가까이 만날 기회가 있었는데 짧은 시간이었지만 내게 큰 울림과 가르침을 준 분이다. 내가 학교를 그만두고 정치에 뛰어들겠다고 말씀드렸을 때, 선생님께서는 이미 암세포가 온몸에 퍼져 건강이 악화되고 있었다. 손을 꼭 잡아 주시며 정말 잘 생각했다고, 잘하라고 뜨겁게 격려해 주시던 기억이 생생하다. 몸이 나아지면 좋은 일을 함께 해 보자는 말씀과 함께. 선생님은 말씀으로 가르치시는 분이 아니라 당신의 삶 자체로 큰 스승이었고 생각과 삶이 일치하는 보기 드문 분이셨다. 우스갯소리로 '선생님은 안경도 차렷 자세'라고 할 만큼 나를 비롯한 주위 사람들에게 꼿꼿한 삶의 자세가 무엇인가를 보여 주셨다.

선생님께서 들려주신 이야기 가운데 '목수가 집을 그리는 방법'은 내 강의에서 종종 사용하는 에피소드이며, 선생님의 책에도 실려 있는 일화다. 선생님이 감옥에 있을 때 나이 지긋한 목수가 들어왔는데, 그 사람이 땅바닥에 집 그리는 것을 보고 무릎을 탁 치셨다고 한다. 사람들은 보통 집을 그릴 때 지붕부터 그리고 기둥과 벽과 문을 그리는데, 목수는 기초부터 그린 뒤 기둥을 세우고 서까래를 그린 다음에야 지붕을 얹더라는 것이다. 현실에 단단하게 발을 딛고 있어야 이상론에 빠져서 잘못된 길을 가지 않게 된다는 이야기다.

동요 가운데 '강물아 흘러흘러 어디로 가니, 넓은 세상 보고 싶어 바다로 간다'라는 노래가 있다. 선생님이 감옥에서 20년간 불러 온 애창곡이라고 하셨다. 돌아가시기 직전 작별 인사를 하러 온 사람들에게 "울지 마라. 우리는 결국 큰 바다에서 다시 만날 것"이라고 말씀하셨는데 울컥하면서도 그분의 한결같은 인생에 절로 머리가 숙여졌다.

선생님은 평상시 '경계인의 삶'의 중요성을 강조하셨다. 단순히 주변을 맴도는 비주체적인 사람이 아니라 경계인의 자부심을 갖고 주변부를 단단하게 함으로써 중심부에도 영향을 미치는 당당한 경계인의 모습을 상상할 수 있게 해 주셨다. 일부러 선택한 것은 아니지만 선생님이 말씀하신 경계인의 삶은 지금까지 내 삶의 중심을 관통하고 있다.

인간은 혼자서 살아갈 수 없으며 혼자인 인간은 한없이 나약하다. 나약한 인간들끼리 서로 부딪치며 관계를 맺을 때 더 단단해진다. 인생을 살면서 깨달은 점은 내가 지금 세상의 중심부에 서 있지 않더라도 사람들 속에서 겸손하게, 부지런하게, 그리고 긍정적으로 살아가는 것 자체가 소중하다는 점이다.

모든 출발은 '사람'에서부터다

앞서 이야기한 세 분은 자칫 좌절하거나 비뚤어질 뻔한 내 인생을 따뜻한 마음으로 이끌어 주셨다. 인생을 살면서 이런 분들을 만나고 도움을 받은 건 커다란 행운이다. 이런 행운이 아니더라도 좋은 친구들을 사귀고 우정을 길러 나가는 건 누구나 할 수 있다. 내가 앞서 청년들에게 많은 모순과 문제점을 갖고 있음에도 불구하고 대학을 권하는 것도 바로 청년기에 좋은 인간관계를 맺을 수 있는 환경이라는 점이 크게 작용했다.

내 말을 알아듣고 내가 원하는 걸 해 주는 컴퓨터와 기계가 있다 한들 거기서 완벽한 만족감과 행복을 얻을 수 있는 사람이 있을까? 디지털 혁명으로 인해 인간이 소외되는 세상을 우려하는 목소리가 높다. 단순 작업은 물론 전문직까지 기계와 인공지능이 대체하고, 인간은 상대적으로 무능력, 무기력한 존재로 전락한다는 극단적인 상상을 하는 사람도 있다. 그러나 반대의 목소리도 만만치 않다. 지난 200년간의 산업혁명은 일자리를 일시적으로만 줄였을 뿐 결국 새로운 직업이 생겨났으며 긴 노동 시간에서 해방된 인간은 더 많은 경제적 시간적 여유를 누리게 될 거라는 낙관론이다. 아마 현실은 이 두 가지 시각의 중간 어디쯤일 것이다.

확실한 건 어떤 경우에도 '인간들끼리의' '인간만의' 고유한 관계가 이전보다 더욱 중요해질 것이라는 점이다. 사람에 대한 신뢰는 모든 관계의 출발점이다. 가까운 현실 세계에 존재하는 가족과 친구, 동료, 비즈니스 관계는 물론이고 인터넷으로 연결된 저 끝 어딘가에 존재하는 온라인상의 관계까지 우리는 여전히 사람들 사이에서 존재하고, 그 관계 속에서 살아가고 있다. 다만 친밀한 관계를 온라인에서만 유지하고 현실 세계에서는 홀로 있으려고 하는 '비대면' '언택트' 문화는 경계해야 한다. 온라인에서의 디지털 정체성이 현실의 자기 정체성과 멀어질수록 인간의 본질적인 행복에서도 멀어진다. 청년 시절 잠깐은 혼자만의 삶이 편할 수도 있지만 평생 외롭게 살아야 하는 삶을 원하는 사람은 없을 것이다.

결국 삶의 가장 중요한 화두는 사람이다. 나 역시도 사람을 통해 좌절했고 사람을 통해 인생을 배웠으며 사람에게서 희망을 발견했다.

사회와 정치 현실의 벽

공동체라는 마법의 힘

책 앞머리에서 밝힌 것처럼 인생의 최종 목표는 행복한 삶이다. 행복한 삶, 성공하는 삶을 위해 미래를 위한 전문성을 기르고 기업가 정신으로 무장하여 도전하고 성취해 나가는 삶. 자기 정체성을 확립하고 사람들과의 관계 속에서 성취감과 행복을 느끼는 삶이 바로 그것이다. 거기에 나는 하나를 더하겠다. 바로 '공동체와 함께 하는 삶'이다.

나는 공동체라는 단어를 참 좋아한다. 사전에서는 공동체를

'생활'과 '운명'을 같이 하는 조직체라고 설명한다. 이미 우리는 이웃 간의 층간 소음으로 살인 사건이 벌어지고, 옆집에 누가 사는지도 모르며, 옆집 아이가 몇 개월간 방치되는지, 학대받고 있는지도 모르는 무관심한 사회 속에 살고 있다. 생활 공간은 함께 해도 결코 운명을 함께 하는 사이는 아니다.

2016년 초 큰 인기를 얻은 《응답하라 1988》에는 서울 도봉구 쌍문동 골목의 이웃사촌들이 등장한다. 30여 년 전 우리의 삶을 보여 주는 이 드라마는 기성세대는 물론 청년층에게도 큰 공감을 불러일으켰다. 쌍문동 골목의 다섯 집은 매일 얼굴을 마주하고 제집 드나들듯 어울리고 아이들은 형제처럼 함께 자란다. 말 그대로 '이웃사촌'이다. 가정의 불화와 고민, 힘겨움도 이웃과 함께 하는 동안 깃털처럼 가벼워지는 마법을 경험한다. 이것이 바로 공동체의 마법 같은 힘이다. 그러나 슬프게도 이제 우리 곁에는 이런 이웃이 없다.

공동체가 무너진 것은 사회의 잘못이며, 국가의 잘못된 정책과 시스템이 야기한 결과다. 사회를 지역으로 가르고 남과 여를 나누며 세대 간 갈등을 부추기는 정치는 '나쁜 정치'다. 그리고 정치권의 이런 행태는 우리가 평상시에 정부와 국회, 자치단체에 대해 방기하고 무관심했던 결과이기도 하다.

이런 와중에도 사회 곳곳에서 공동체를 부활하려는 노력과 시도 역시 계속되고 있다. 마을도서관, 마을카페, 공동육아 어린이집, 협동조합, 마을기업까지. '마을이 세계를 구한다'는 간디의 말처럼 마을 안에서 함께 공동체를 이루고 더불어 살아가려는 아름다운 노력이다. 마을에서 함께 일상을 공유하려는 사람들이 늘면서 동네는 점점 활력을 찾기 시작한다. 강한 연대는 공동체를 이루기도 한다. 그중 하나가 내가 주목하는 서울 공릉동의 '꿈마을공동체'다.

꿈마을공동체는 자발적으로 생겨난 많은 마을 모임이 모여 하나의 공동체를 이룬 곳이다. 이 작은 마을 모임들이 만들어 낸 마을 축제는 방문객 6,000여 명을 돌파할 만큼 큰 규모로 성장했다. 비단 규모뿐만 아니다. 꿈마을공동체 주민들은 이웃과의 정겨움 속에서 자유롭게 놀고, 만들고, 함께 공부한다. 함께 하는 행복이 자라는 곳이다. 각박하고 삭막한 도시 생활에서도 꿈마을공동체 같은 사람 냄새 나는 도전과 작은 성취가 늘고 있어 희망적이다.

청년들의 투표가 중요한 이유

우리의 삶과 생활은 직간접적으로 모두 정치와 연관되어 있다.

청년 문제도 마찬가지다. 혼자서 노력한다고 해서 부족한 일자리와 열악한 주거 환경, 불투명한 미래가 해결되지 않는다. 근본적으로 사회 시스템이 바뀌어야 하고, 그러려면 정치의 변화와 법을 바꾸려는 노력이 필요하다. 청년 스스로 나서지 않는다면 청년 문제는 좀처럼 해결되지 않으리란 것은 명약관화하다. 지금의 청년들과 다른 환경에서 청년기를 보낸 노회한 정치인들은 지금의 청년들에게 무엇이 필요한지 제대로 알기 어렵다. 20대 국회의원의 평균 나이는 55.5세다. 기성세대가 청년들이 살아갈 미래의 제도를 만드는 걸 방치해서는 안 된다. 청년들이야말로 유권자의 권리를 더욱 적극적으로 행사할 필요가 있다. 우선 우리 모두가 기억하고 있는 '촛불혁명'에서부터 유권자 권리 문제를 되짚어 보자.

촛불혁명은 2016년 10월 29일 2만 명으로 시작해 불과 2주 만에 100만 명이 광장에 모여든 대한민국의 역사적인 사건이다. 1960년 반독재 민주주의 운동인 4·19혁명, 1980년 5·18광주민주화운동, 1987년 6·10민주항쟁 그리고 2016년 촛불혁명에 이르기까지 우리 사회는 민주주의를 향한 의지와 행동을 멈추지 않았다. 그동안 사회 변혁의 중요한 주체였던 청년층은 2000년대에 들어오면서 점차 정치에 대한 관심을 잃고 무기력해지기 시작했다. 이런 청년들이 다시 한번 여전히 변화의 주체로 살아 있음을 보여 준 것이 촛불혁명이었다. 촛불혁명을 통해 시민들은 '우리가 할 수 있다' '우리가 힘을 모으면 할 수 있다'라는 자신감을 얻었다. 청년들 역시 민주주의 경험과 함께 '연대감' '공동체 의식'에 눈뜨는 계기가 되었다.

이명박 박근혜 정권 심판과 새로운 정권 창출은 시작일 뿐이다. 청년 문제를 해결하는 가장 쉬운 실천은 바로 '유권자'의 권리를 적극적으로 행사는 것이다. 선거는 대의민주주의의 핵심이며, 선거 결과는 각자의 삶과 미래에 큰 영향을 미친다.

촛불혁명 이전 20년간은 청년들이 침묵한 시기였다. 대부분의 청년이 정치에 무관심하거나 불신과 혐오감을 갖고 있었다. 미래에 대해 불안감을 느끼고 있지만 '먹고사느라 바빠서' 정치에 관심도 없고 참여도 하지 않았다. 정치 이야기를 꺼내면 핀잔을 듣는 경우도 적지 않았다. 대한민국에서 정치란 '국민을 절망시키는' '아주 골치 아픈 권력자들의 행위'라고 인식되는 경향이 강했던 것이 사실이다.

보통 정치 참여 하면 가장 먼저 '투표'를 떠올린다. 투표는 대의민주주의를 떠받치는 근간이다. 후보들에게 대표성을 부여한다는 점에서 투표 행위는 국민으로부터 위임받는 권한의 정당성을 확보하는 과정이다. 하지만 21세기 한국 정치에서 대통령 선거를 비롯한 각종 선거의 투표율이 해마다 낮아져 정통성과 대표성에 대한 의문을 갖게 했다.

1987년 13대 대선 투표율은 89.2퍼센트였고 그 이후 2002년 대선 투표율 70.8퍼센트, 2007년 대선 투표율 63.2퍼센트로 떨어졌다가 18대 대선은 75.8퍼센트로 다소 올라섰고 촛불혁명으로 앞당겨진 19대 대선 투표율은 77.2퍼센트를 기록했다. 국회의원 선거와 지방선거 투표율은 대선보다 낮아서 1996년 63.9퍼센트를 기록한 이래 2000년 57.2퍼센트, 2004년 60.6퍼센트, 2008년 46.1퍼센트로 가파른 하향 곡선을 그렸다. 가장 최근인 2012년은 54.2퍼센트로 다소 회복한 추세다.

낮은 투표율은 청년층의 정치 무관심이 일정 부분 기여했다. 이런 현상은 비단 우리나라뿐만이 아니다. 하지만 우리 사회의 청년층이 투표를 하지 않고 정치를 외면하는 진짜 문제는 좀 다르다. 2012년 19대 총선을 평가한 토론집에서 목원대학교 장수찬 교수는 세대 의식이 정치 참여를 높인다고 지적했다. "세대 의식은 생물학적 사회역사적 시간대에 특정한 위치를 공유하는 집단, 즉 비슷한 시기에 태어나 특정한 정치경제적 사건을 비슷한 나이에 경험한 사람들이 공통의 경험, 공통의 이해관계로 인해 투표 성향을 유사하게 나눠 가진다"는 설명이다.

장 교수는 청년 실업 문제, 비정규직 문제, 일을 하지만 늘 빈곤에 시달리는 신 빈곤 문제들이 집약된 층이 바로 20대와 30대라는 점에서 이들 세대가 공통의 사회경제적 경험을 공유한다고 분석했다. 세대 투표의 영향력을 확인해 본 결과 2010년 지방선거를 제외한 2006년 지방선거, 2007년 대통령 선거, 2008년 총선에서 세대 요인은 선거 결과에 유의미한 영향력을 가지지 못했다. 그러나 2012년 총선은 2010년 지방선거에 뒤이어 '세대 요인'이 중요한 변수로 작용했다고 분석했다. 드디어 청년 세대가 갖고 있는 세대 의식 공유가 선거에 일정 부분 영향을 미치기 시작한 것이다.

이러한 분석을 근거로 청년층의 선거 참여는 그들 스스로 안고 있는 문제를 이슈화하여 자신의 세대가 고민하는 부분을 선거 과정에 반영시킬 수 있는 가능성을 내재한 것이라고 할 수 있다.

다행히 2007년 대선 직후 치러진 총선에서 최저점(20대 전반 32.9퍼센트, 20대 후반 24.2퍼센트)을 기록한 20대 투표율이 이후 지속적으로 높아져서 19대 대선에서는 30대와 40대의 투표율을 상회하는 76.1퍼센트를 기록했다. 2018년 6월에 치른 제7회 지방선거에서는 이전 6회 때보다 3.6퍼센트포인트(48.4퍼센트 → 52.0퍼센트) 상승한 투표율을 보여 20대 청년층의 정치 참여 의식이 점차 높아지고 있음을 확인할 수 있었다.

청년 유권자 운동, 가볍게 시작하기

투표를 통한 정치 참여의 한 형태로 유권자 운동을 들 수 있다. 유권자 운동의 태동은 1987년을 전후한 정치 상황과 시대적 배경이 맞물려 있다. 전두환의 4·13 호헌 조치로 인해 국민들의 분노가 높아졌고 끝내 6월 민주항쟁으로 이어진다. 청년이었던 나 역시 삭발을 하고 시위에 참여했다. 민주진영이 정권을 잡는 데는 실패했지만 대통령 직선제가 우리 사회에 새로운 정치 공간을 만들어 낸 것은 사실이다. 1980년대 후반에 들어서자 환경운동과 시민운동에 불이 붙기 시작했다. '경실련'과 환경운동연합의 전신인 '공해추방연합' 등이 이 시기에 출범했다.

그 당시 나는 실질적으로 권력과 정권을 되찾아오고 지역의 풀뿌리 민주주의를 발전시키려면 유권자의 힘이 중요하다고 생각했다. 그것이 내가 유권자 운동에 뛰어든 이유였다. '한국유권자운동연합'을 통해 개인이 갖고 있는 많은 역할 중에서도 '유권자'의 중요성을 알리고 싶었다. 그때 사람들이 보여 준 엄청난 반응과 호응을 아직도 생생하게 기억하고 있다. 나는 지금도 20~30대 청년 유권자들이 자신들의 이해를 대변할 수 있는 조직을 만들어 사회운동을 시작하는 것이 여전히 유효하다고 생각한다. 청년 유권자 운동을 통해 정치권이 좀 더 적극적으로 청년 문제에 관한 해결책을 제시하도록 사회적 압박을 만들어 내는 것이 필요하다.

이제 한국 사회는 다각화 분업화가 급속히 이루어져 적은 수로도 다양한 시민운동을 시작할 수 있다. 모든 청년이 생업을 제쳐두고 활동해야 한다는 이야기가 아니다. 자신의 생활을 영위하면서도 세대의 이해를 위해 활동할 수 있는 공간과 단체가 얼마든지 있다. 선거에서 내가 가진 '한 표'를 잘 행사하는 것도 중요하지만 나와 비슷한 생각을 갖고 있는 청년들과 소통하고 함께 활동하는 단체나 모임을 만드는 것이 필요하다. SNS를 활용하는 것도 좋은 방법이다.

최근에는 이전보다 쉽게 정치 행동에 참여할 수 있는 다양한 조직과 방법이 등장했다. '시민이만드는생활정책연구원'의 '깨알 정책 제안'은 대학생과 일반 시민들이 모여 한국 사회의 크고 작은 부조리, 불합리에 대해 제도 개선을 요구하는 집단 행동의 대표적인 예라고 할 수 있다.

청년 유권자는 단지 누구에게 내 권리를 위임할 것인가를 결정하고 한 표를 행사하는 것뿐만 아니라 선출 과정, 선출된 후의 활동에 대한 견제와 감시, 청년에게 필요한 정책 제안 등으로 활동을 확장해 나가야 한다. 지금까지는 청년의 미래를 기성세대가 결정하는 시대였다면 앞으로는 청년 스스로 자신의 미래에 영향을 미치는 정책을 제안하고 관철시키는 시대가 되어야 한다. 그러려면 현실 정치에 더욱 적극적으로 꾸준히 참여해 나가야 한다.

내가 인생을 배운 세 가지 방법

삶이란 먼 길을 걸으면서
더 많은 것을 느끼고 배우며 깨닫게 된다.
더디게 배우고 늦게 깨우칠 수도 있지만 배우겠다는 열린 자세를 유지할 때,
우리 삶은 천천히 더 나은 방향으로 나아간다.

삶을 살아가면서 인생을 배우는 세 가지 방법이 있다고 생각한다. 몸으로 배우기, 말과 글로 배우기, 마음으로 배우기다. 몸으로 배우는 인생이란 체험의 영역이고, 말과 글로 배우는 인생이란 앞서 산 사람들의 지혜를 배우는 것이며, 마음으로 배우는 인생은 다른 이의 마음을 헤아리는 공감이다.

나도 젊은 시절 몸으로 배우는 인생을 살았다. 글과 마음으로 익히는 인생 공부에 비해 무척 고단한 경험이었다. 30대 후반에

닥친 부모님 회사의 부도는 지금까지 내 삶에 가장 큰 영향을 준 사건이었다. 그때 나는 서울 생활을 급히 정리하고 부도난 회사를 정리하기 위해 2년 넘게 고향인 대전에 내려가 있었다. 부모님을 대신해 채권자들을 상대하며 공장을 정상화해나가는 이중고를 겪어야 했다. 열심히 노력한 끝에 채권자들의 이해를 구하고 공장 정상화도 눈앞에 보였다. 하지만 당시의 나는 경험이 부족했다. 공장을 되찾는 재판 과정에서 내 실수로 회사 정상화가 물거품이 되어 버렸다.

당시에는 수중에 돈이 없기도 했지만 걸어다니는 일이 잦았다. 일하다가 혼자 대전 시내 술집까지 6킬로미터를 걸어가서 따뜻한 청주 한 잔을 마시곤 했다. 큰일을 당해도 의외로 담담하게 받아들이는 성격이었지만 회사의 부도와 부채를 해결하는 일이 2년을 넘기자 정신적 육체적 피로가 몰려왔다. 하지만 돌이켜 보면 그런 시간을 혼자 견뎌 낸 것이 소중한 삶의 교훈을 남겼다. 사람을 원망하거나 미워하지 않게 되었고 모든 문제에 더욱 신중을 기하게 되었다. 인생은 누구에게나 소중하다는 당연한 사실을 뼈저리게 느꼈다.

대전 생활 2년 만에 채권자들을 만나 부도 총액의 30퍼센트를 갚겠다는 각서를 쓰고 상경했다. 2001년 봄이었다. 나는 돈을 벌어야 했다. 선배의 도움으로 보증금 1,000만 원짜리 사무실에 인테리어 회사를 차리고 사업을 시작했다. 경찰서를 시민친화적으로 리모델링하는 프로젝트를 진행했고 밤잠을 아껴 가며 사업에 매진했다. 2002년 11월 말에는 피로 누적으로 택시를 들이받는 사고를 내고 한 달 넘게 병원 신세를 진 적도 있다. 한마디로 좌충우돌하며 몸으로 인생의 교훈을 배운 시기였다.

말과 글로 배우는 인생 공부는 가장 쉬우면서도 한편으로는 정말 어려운 방법이다. 좋은 저서를 찾아내는 것도 문제지만, 그의 글을 충분히 이해하고 내 것으로 만드는 것 역시 매우 어려운 일이다. 더구나 그 이해를 토대로 내 삶을 변화시킨다는 것은 더더욱 어려울 수밖에 없다. 그런 의미에서 신영복 선생님을 만난 것은 정말 근사한 행운이었다. 신영복 선생님은 글뿐만 아니라 삶 전체를 오롯이 일치시켜 살아가는 모습을 보여 주었고, 글과 몸과 마음이 별개의 것이 아니라 하나가 될 수 있음을 깨닫게 해 주셨다. 선생님을 필요로 하는 곳은 어디라도 마다하지 않고 갔으며 누구라도 강의를 요청하면 기꺼이 응하셨다. 살아 있음에 감사해하며 사람과의 인연을 소중하게 여기셨다. 주위 많은 사람이 자신이 선생님에게 가장 사랑받는다고 자랑할 정도로 모두에게 진정 어린 관심을 보여 주셨다. 선생님은 20년간 수형 생활을 한 감옥을 '대학'이라고 설명하곤 하셨다. 물리적으로 갇힌 공간에서도 자유에 대한 선생님의 열망을 꺾을 수 없었으며 오히려 배움과 깨달음의 공간으로 승화시킨 것이다.

지난 2018년 10월 히말라야 구르자히말 원정 도중 유명을 달리한 산악인 김창호 대장의 이야기도 가슴 먹먹한 울림을 준다. 김창호 대장은 한국 산악계뿐만 아니라 세계에서도 인정받는 최고의 산악인이었다. 8,000미터급 히말라야 14좌를 무산소 등반으로 오른 최초의 한국인이며 세계 최단 기간(7년 10개월 6일) 등정 기록을 세웠다. 지금까지 14좌 무산소 등정에 성공한 사람은 전 세계 19명뿐이다.

김창호 대장은 평상시 공부하는 산악인으로 유명했으며 인간의 힘으로 산을 오르는 알파인 스타일(Alpine Style, 포터나 지원조의 도움 없이, 고정 로프 사용 없이, 산소 기구 사용 없이 등반자의 자력으로 산을 오르는 방법) 등정을 고집하며 묵묵히 산에 올랐다. 유명을 달리한 히말라야 등반은 그가 추진하던 '코리안웨이 프로젝트'의 일환으로, 미등정 봉우리와 고난도의 신 루트를 개척하기 위한 야심 찬 도전이었다.

"세상과 자신은 속여도 산을 속일 수는 없다. 공정한 게임을 하고 싶었다."

"from home to home."

완벽한 준비로 안전한 등정을 준비했으며, 성공한 원정은 대원 모두가 집 문을 열고 나가서 무사히 집으로 돌아오는 것이라는 의미가 담긴 말이다. 마지막 원정에서는 예측 불가능한 불의의 기상 재해로 약속을 지키지 못했지만 그의 열정적인 도전과 철저한 준비, 원칙을 지키려는 소신은 후배 산악인들은 물론 많은 사람의 마음에 큰 울림을 준다.

나는 영화를 좋아하는 편이라 종종 영화의 장면과 대사에서 위로와 즐거움, 삶의 깨달음을 얻곤 한다. 대중 영화 속에는 인간 보편의 갈등과 그것을 해결하는 방식이 그려져 있기 때문이다. 힘들 때 곱씹어 보는 영화 속 대사를 몇 가지 소개한다.

멜 깁슨이 할 무어 중령으로 출연한 《위 워 솔져스》라는 영화다. 주인공이 전장에 나가기 전 부부 동반 파티에 참석하여 함께할 부하들과 그 가족에게 말한다.

"전장에서는 항상 너희와 함께 있겠다. 전투가 벌어지는 곳에서는 내가 가장 앞에서 싸울 것이다. 후퇴를 하게 되면 내가 가장 나중에 발을 뗄 것이다. 무엇보다 단 한 명도 내 뒤에 남겨 두지 않을 것이다. 살아서든 죽어서든 우리는 모두 함께 집으로 돌아올 것이다."

이런 자세야말로 크고 작은 조직을 책임지는 리더가 갖춰야 할 최소한의 소임 아닌가. 위급한 상황에서 가장 먼저 탈출하는 리더를 자주 봐 온 우리 사회에서 더욱 기억해야 하는 가치라고 생각한다.

빌 어거스트 감독의 《리스본행 야간열차》는 곱씹어 볼 명대사가 넘쳐난다. 파스칼 메르시어의 동명 소설이 원작이다.

"독재가 현실일 때 혁명은 의무다."

"인생의 방향을 영원히 바꾸는 극적인 순간은 종종 믿을 수 없을 만큼 사소하다."

틀에 박힌 인생을 살던 그레고리우스가 기묘한 사건에 휘말려 갑작스러운 여행길에 오르면서 펼쳐지는 이야기다. 일탈과 도전이 어떤 방식으로 인생을 바꾸는지 사유해 볼 수 있으며 동시에 유럽의 아름다운 풍광을 감상할 수 있는 수작이다.

마음으로 배운 인생 공부는 사람과의 인연 속에서 얻는 깨달음이다. 나는 20대까지 유복한 가정에서 성장했으나 30대부터는 적지 않은 어려움과 풍랑을 겪어 왔다. 그럼에도 불구하고 지금의 행복한 삶을 살 수 있는 것은 매일 자식을 위해 미사를 드리고

기도를 올려 주신 부모님 덕분이라고 생각한다.

또 한 분, 가진 것 없는 청년 운동가일 때도, 집안의 부도로 인해 위축되었을 때도 한결같이 똑같이 대해 주신 법장스님이야말로 스승이자 멘토셨다. 조계종 총무원장을 지내신 법장스님은 사람을 차별하지 않으며 가진 것을 아낌없이 나누어 주는 분이셨다. 이런 분을 만난 것은 내 인생의 흔치 않은 행운이었다.

늦은 나이에 만나 결혼한 아내 역시 따뜻하고 행복한 가정을 꾸릴 수 있도록 해 준 인생 공부의 스승이다. 그리고 더 늦은 나이에 얻은 아들 역시 지금까지의 인생 전체를 되돌아보게 하고 더 나은 세상을 만들기 위해 노력하는 나의 동력이 되어 주고 있다.

인생은 마지막까지 결론이 정해지지 않은 열린 결말의 영화와 같다. 어려움이 있어도 포기하지 않으면 승부는 아직 끝난 것이 아니다. 아직 승부할 것이 남아 있고, 그 승부를 위해 내가 가진 모든 것을 걸고 도전할 기회가 있는 한 인생은 여전히 흥미진진하고 행복하다. 인생의 힘든 시기라는 것도 어떻게 생각하느냐에 따라 큰 차이가 난다. 고난은 나를 성장시키는 도전의 기회이며, 그 기회는 불안과 함께 찾아온다. 누구나 이러한 청년 시기를 겪기 마련이다. 나도, 앞서 살아간 사람들도, 그리고 이 책을 읽는 당신과 이제 막 태어난 아기들까지. 자신의 꿈을 펼칠 수 있도록 기성세대와 사회는 충분한 시스템을 만들어 지원해야 하며, 청년 자신은 더욱 적극적으로 세상에 자신의 목소리를 내고 도전해 나가야 한다.

허들

초판 1쇄 발행 2019년 4월 23일

지은이 이종인

펴낸곳 책책
펴낸이 선유정
편집인 김윤선
디자인 석운디자인
교정교열 노경수

출판등록 2018년 6월 20일 제2018-000060호
주소 (03088)서울시 종로구 이화장1길 19-6
전화 010-2052-7411
북스토어 디렉터 최혜정

인스타그램 @chaegchaeg
페이스북 /chaegchaeg17
전자주소 chaegchaeg@naver.com

ⓒ 이종인, 2019

ISBN 979-11-962974-5-9 03190